期货市场经典技术

杨　清　著

地震出版社
Seismological Press

图书在版编目(CIP)数据

期货市场经典技术 / 杨清著. — 北京：地震出版社，2018. 8
ISBN 978-7-5028-4729-6

Ⅰ. ①期… Ⅱ. ①杨… Ⅲ. ①期货交易-基本知识
Ⅳ. ①F830. 93

中国版本图书馆 CIP 数据核字(2018)第 142048 号

地震版 XM4195

期货市场经典技术
杨 清 著
责任编辑：吴桂洪 王凡娥
责任校对：凌 樱

出版发行：地 震 出 版 社
北京市海淀区民族大学南路 9 号 邮编：100081
发行部：68423031 68467993 传真：88421706
门市部：68467991 传真：68467991
总编室：68462709 68423029 传真：68455221
证券图书事业部：68426052 68470332
http：//www. dzpress. com. cn
E-mail：zqbj68426052@ 163. com
经销：全国各地新华书店
印刷：北京兴星伟业印刷有限公司

版(印)次：2018 年 8 月第一版 2018 年 8 月第一次印刷
开本：787×1092 1/16
字数：200 千字
印张：11. 5
书号：ISBN 978-7-5028-4729-6/F(5425)
定价：36. 00 元

序

期货交易是专业性非常强的一种金融投机行为，我们做期货先要有基本的系统知识，然后建立属于自己的系统技术标准、资金管理标准，最后就是死磕标准执行力即可。

没有完整地学习技术系统方法就贸然进入期货市场用实盘交易是非常危险的事情，就算学习过了，也要先用模拟盘资金去测试和验证你自己制定的交易系统能否盈利，在模拟盘资金账户未能盈利 50%的前提下是不能用实盘进行交易的，否则很容易亏损。

没有经过学习就做期货就好比没有驾驶证就开车上马路，没有经过训练的士兵上战场，结果可想而知。

本书运用期货市场中最常用的 K 线语言、均线语言、MACD 语言、分时图技术、持仓量与成交量等技术系统帮助广大的新手和乱做的老手建立基本的交易知识，虽然简单，但易学易用。

希望本书能够推动期货市场投资者养成先学习后交易、无学习不交易的良好习惯，祝愿所有读到本书的读者朋友都能够在金融市场中不断学习进步，长久安全地生存下去。

杨　清

目　　录

第 1 章　建立盈利模式 …… 1

1.1　做期货的方式 …… 2

1.2　进入期货市场的基本条件 …… 3

1.3　建立交易系统 …… 4

1.4　建立标准技术系统的过程 …… 6

1.5　期货交易最大的风险 …… 7

1.6　学习误区 …… 8

第 2 章　技术系统分析——K 线语言系统 …… 9

2.1　K 线的来源与困惑 …… 10

2.2　K 线的种类介绍 …… 13

2.3　K 线形态组合看盘技巧 …… 41

2.4　K 线理论的误区 …… 45

2.5　K 线系统——类海龟交易法则 …… 46

第 3 章　技术系统分析——均线语言系统 …… 57

3.1　移动平均线概述 …… 58

3.2　均线的作用 …… 61

3.3　均线的交叉 …… 68

3.4　均线形态 …… 74

3.5　均线系统——双均线战法 …… 78

第 4 章　技术系统分析——MACD 指标语言 …… 89
4.1　MACD 指标的构造原理和计算方法 …… 90
4.2　MACD 指标金叉与死叉 …… 110
4.3　指标背离 …… 122
4.4　MACD 背离战法——顺大逆小 …… 131

第 5 章　辅助系统——分时图和量 …… 145
5.1　分时图简介与运用 …… 146
5.2　成交量和持仓量 …… 153
5.3　辅助系统——分时图战法 …… 168

结束语 …… 177

第1章 建立盈利模式

金融交易，不求赚的最多，但求活的最久。

——杨清

1.1 做期货的方式

为什么很多人做期货是亏钱的，原因有很多，最直接最根本的原因是没有一个有效的系统方法，绝大多数交易者做期货凭的是一个感觉，把期货完全当作赌博来做，比如价格跌了，认为跌得很低了就去抄底；价格涨了，认为价格涨的很高了就去摸顶，最后的结果往往亏损爆仓。

想要长时间的盈利需要系统的方法，期货交易的方法可以分为两大类：第一类是通过基本面的调研发现未来价格的趋势空间；第二类是通过技术面寻找未来价格转折或延续的概率，通过仓位管理实现长期盈利。当然也可以两种方法同时运用，在基本面符合的情况下，用技术面进场，基本面和技术面产生共振，盈利的概率会大大增加。

但是，普通交易者对于基本面的研究，一般是打听或道听途说，根本没有做过深入细致的调查研究，如果你的基本面调研不是最真实的话，很容易被浅显的道听途说迷惑。最重要的是普通交易者一般没有能力去得到可靠的数据，更没有时间和精力做调研等，只能去看网站或微信公众号的内容去想象分析，对于这一方面数据的真实性以及时效性根本不知，往往听到一个消息就迫不及待追进去，岂不知消息到他这里，已经被市场消化掉了，行情也该结束了。

对于普通交易者来说，研究基本面最大的坏处是，当价格朝着自己开仓不利的方向运行时，他们会自我心理安慰，总是认为价格最终会朝着自己所谓的“基本面”方向发展，他们一般会死不止损，总是幻想着行情终会朝着开仓的方向发展，完全不顾技术图形已经走坏，当价格朝着开仓的相反方向发展了，这类投资者不会认错，甚至去追加保证金继续加仓，最后的结果一般都是爆仓出局。

所以，对于普通交易者而言，运用技术分析做单是更好的选择，依据技术分析做交易，可以做到全品种都按照固有的技术系统标准去做单，可以规避单一品种的黑天鹅事件，可以用多个品种去平滑资金曲线和心理情绪的大幅波动。

当然运用技术分析做单不是比基本面分析做单要好，两种不同的体系，总有各自的优缺点，选择适合自己的才是最重要的，如果有时间有资源有条件的投资者研究基本面或许是一个更好的选择。

所以个人觉得，普通交易者如果想做多品种，技术面比基本面更加靠谱。如果你坚持只做单一品种，深入研究，基本面加技术面结合才会更安全。

1.2 进入期货市场的基本条件

各行各业都需要门槛，而期货交易的门槛看似是很低的，进入期货市场交易的绝大多数交易者都抱着一夜暴富的心理，有的品种2000元的保证金就可以进行交易，可想而知这个门槛是有多么低，但是要想长期在市场中盈利生存却是需要具备多种条件的。

1.2.1 资金

古人云：寒钱不能赌，意思就是没有资金就不能参与赌博或类似风险大的事情，用借来的钱做交易会陷入一种只能赢不能输的境地，非常危险。就算有一些好的方法，也会因为压力而变形，最终结果还是亏损。

1.2.2 方法

期货投资是一个专业性非常强的行业，很多人连基本的交易软件都没有熟练，连K线、均线都不懂就敢一头扎进来操作。更不要谈资金管理、技术分析、基本面分析，各品种关联度分析，美元、原油、股市等对商品期货的影响等。

1.2.3 自控

控制自己的情绪，控制自己的贪欲，无数投资老兵只学习技术分析和资金管理，殊不知恰恰少了最最重要的情绪管理、健康管理、婚恋管理。在资金放大后很容易因为一次打击就产生系统性崩溃而迅速败退，甚至引发家庭变故，生活受到巨大打击。

在这个市场里面一没有资金，二没有技术的投资者是一定不能继续在交易下去的。因为期货交易没有资金万万是不能去交易的，因为无论是交易还是学习方法都是需要用资金堆积出来的！对于有资金没有方法的投资者，也应该立刻停止交易，去用资金找有能力的人合作期货交易，或者找老师去学习，通过学习慢慢获得交易经验后再去交易。

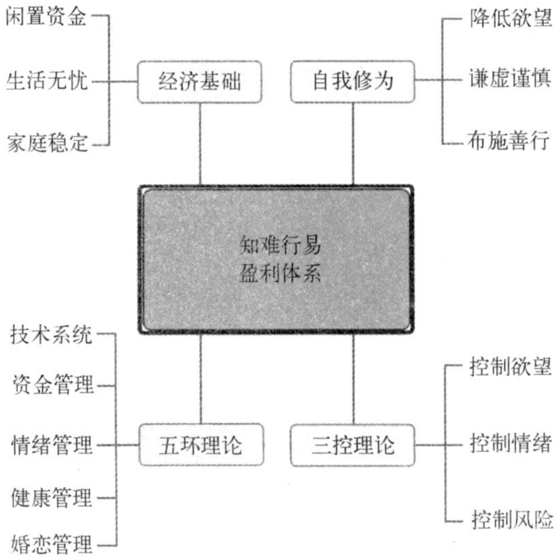

图 1-1

1.3 建立交易系统

为什么很多投资者精通很多技术还是亏钱？这是因为大多数交易者的技术分析构不成一套体系，系统不够完整，没有形成一个完整闭环，进场和出场缺少一致性标准或者仓位管理、情绪管理欠缺等多种原因。

大多数成功的交易者一般都使用一致性的客观交易标准。

一个好的交易系统可以自动完成整个交易过程，代替交易者做出每一个环节的决策。有了一致性交易系统的交易执行标准，交易者更容易保持策略的统一性，一整套完整的闭环交易系统已经明确而又严格地限定了每一个交易的操作细节，与交易者的主观判断毫无关系，做交易一定要有系统的技术标准，无标准不交易。

技术系统标准一般分为六个。

(1)开仓标准。

开仓标准的定义就是在什么情况下才开仓或者在什么情况下才加仓，你要设定一个标准，例如有人用 60 日均线作为开仓标准，K 线站上 60 线做多，K 线跌破 60 线做空，这就是一个简单的开仓标准的定义。

(2)止损标准。

止损标准的定义就是止损位置找寻的标准，还以 60 日线那个开仓标准举例：多单开仓后用 60 线作为止损位或以上穿 60 线的那根 K 线底部作为多单止损位，这就是一个简单的止损位标准的定义，空单反之操作。

(3)仓位标准。

仓位标准的定义就是你要根据自己账户总资金决定单个品种开仓的仓位多少以及最大仓位允许持有多少。

(4)止盈标准。

止盈标准的定义就是当你的单子跟随你开仓的方向运动的时候，你通过用什么标准去终止交易，比如你可以固定一个点位止盈，跟随一根均线止盈，或者通过 K 线形态去止盈等等。

(5)休息标准。

休息标准的定义就是当市场出现什么样的情况你休息观望不做，比如你的系统是趋势系统，那么行情震荡的时候你就需要休息。如果你的系统是震荡系统，那么在行情有趋势的时候你就需要休息。

(6)周期转换。

周期转换标准的定义就是当市场出现什么样的情况，假定你以日线级别为中轴周期，当日线级别周期不适合当下交易时，你可以选择增大周期到周线级别周期或降低级别到小时周期或分钟周期去交易。

在这六个标准中，休息标准是最重要的，因为市场是伟大的，人类是渺小的，这是我们交易者的核心认知，在这个认知的指引下，我们就可以做到坚决跟随市场，绝不对抗市场，市场永远是对的，假如我们亏钱了，就是市场方向搞错了。假如我们老是亏钱，就说明没有摸清市场方向，这时就需要休息了。

1.4 建立标准技术系统的过程

这些年笔者看了很多书，我的总结是：

亏损者只看书对于交易能够盈利的帮助不大，当然也包括我写的《期货老师这一年》以及现在您看到的这本。

交易与运动和手艺很相似，寻找适合自己性格的策略，并熟练掌握，最快的方法就是找到已经能够盈利的老师，学习他的方法，然后将自己的性格结合进去，但别人的并不一定完全适合自己，所以后面还需要自己多下功夫学习和领悟。

学习之前，一定要先建立自己的自信心，如果缺乏信心你成功的概率也会很小，你必须相信自己正在做的事情，并且不要害怕犯错，不断从失败中吸取经验，做出调整。

期货交易正确的学习与交易的流程如下：

(1)下载模拟盘软件，资金量为 20 万元，交易时全部按照一手来做单，先体验和学习期货软件的功能、品种的特性、开平仓的方法、技术分析的熟悉与练习等。模拟盘的学习与练习是一年到两年，最少是一年时间，模拟盘学习与训练对于期货交易者非常有必要，因为这样可以不花钱就能够学习和练习到与实盘一样的专业知识。

(2)模拟盘账户在能够盈利 50%的时候，才能够用实盘去交易，否则你还是要继续用模拟盘学习和练习，因为你连模拟盘都不能赚钱，实盘更会亏损得一塌糊涂。

(3)模拟盘通过后，用自己家庭总资产的 3%到 5%的资金来做期货，例如你的资产是 1000 万元，那么用 30 万元到 50 万元资金来做期货是没有太大风险的，更何况你已经用模拟盘操作一年以上的时间了，并且模拟盘在一年的时间里面已经盈利50%了。

(4)后期盈利才可以增加资金或盈利出金，亏损是不能增加资金的。

(5)不断学习进步，最好进入一些已经能够稳定盈利者的圈子，这样可以更快地提升自己的盈利能力。

上述时间流程大约需要两年时间，如果20万元实盘可以稳定盈利了，那么恭喜你初步入门小学毕业了。

后面还有中学、大学、研究生、博士、博士后、博士生导师等漫长而荆棘的路在等着你一步一步走完……

1.5 期货交易最大的风险

期货交易的风险很多，除了技术系统部分的风险以及市场系统性风险外，最大的风险其实来自于交易者自己！在于交易者的情绪控制能力，在于交易者的欲望控制能力，在于交易者的风险控制能力。

作为一个期货投资者，不管任何时候，我们的头脑都要保持清醒，任何时候开仓都要设置止损，这是历史得出的共识。要牢记价格的波动是不确定的，不管以什么样的方式做交易，都会有不确定的风险因素，我们能做的就是一定要控制住风险。

我们交易的是情绪不是技术，交易者重大亏损都是来自于情绪的崩溃，交易者最大的风险不只是对于市场的无知，更重要的是对于自己了解的不够深刻，每个人的能力都是有边界的，了解自己的能力边界有多大是最最重要的事情。

期货交易可以放大资金的杠杆，而资金的杠杆恰好又放大了交易者情绪的杠杆，自然就放大了交易者风险的杠杆，所以我们只有认清自己，降低杠杆使用。控制自己的情绪，就可以有效控制我们的风险。

1.6 学习误区

很多投资者学习的时候有个误区，在学习了新的交易技术后，急于求成，在震荡的时候用趋势跟随策略肯定是不赚钱或亏钱的。那么他很可能就放弃了再去寻找其他的技术方法，这是非常错误的做法。

任何一个交易系统、任何一种方法都不会是一劳永逸的，肯定有其被杀期，所以不要去找一定赚钱交易的圣杯。我们可以多在交易执行力以及情绪控制与风险管理上多下功夫。交易不是每天都要和它拼命的，市场上绝大多数人亏钱的核心原因就是天天在市场里面重仓搏杀，时刻抱着用 1 万元去赚取 100 万元的暴利心态。

市场肯定有"好做"的时候，有"不好做"的时候。"好做"的时候说明当下是趋势行情，"不好做"的时候说明当下是震荡行情。期货市场不是一个多劳多得的市场，交易这个东西要符合自然规律，适当的空仓休息离开盘面可以让我们看的更清楚，趋势行情仓位重些，震荡行情仓位轻些。

交易的成功取决于很多方面：

第一，你要明白自己是什么样的一个人，自己的性格适合做什么样的策略和什么样周期的交易。

第二，你需要有自己的交易思路，也就是交易系统，用什么工具分析、什么条件开仓、什么条件平仓、仓位管理、止损位怎么设置等，这些都是必须明确规定的，而且这些必须与自己的性格相匹配。

第三，你必须先模拟后再实盘操作，在模拟中练习，在实战中总结，交易之中最难的就是情绪控制，始终保持平静，情绪控制能力的磨练只能靠自己，别人可以给你指路，但要真正形成自己的交易理念还是要靠自己。

第四，在不断的交易中还要不断地修正你的交易系统，把自己的交易系统逐渐做到系统化、标准化、量化，做到机械交易这是重中之重，因为人的情绪是很难有效控制的。

第2章

技术系统分析——K线语言系统

很多人以为自己知道了，实际是假知或浅知，真知和深知很难，但真正知道了，做到也就容易了。这就是孙中山先生的知难行易学说。

——杨清

2.1 K线的来源与困惑

在讲解用K线建立交易系统之前，让我们先来了解一下K线的基础知识和K线的基本形态，如何去正确看待K线，哪些K线有用，哪些K线没有用，如何用简单的K线去建立交易系统。

2.1.1 K线的来源

K线起源于日本，源于日本德川幕府时代，被卖大米的商人用来记录米市每天的价格波动。之后，K线被欧美引入到股票和期货市场，用来表示股票和期货的价格波动。

K线定义：一根K线，两种颜色，三个部分，四种价格。

一根K线两种颜色：在国内的期货软件或者股票软件中，红色柱体代表上涨，绿色柱体代表下跌(在本书中，黑色代表下跌，白色代表上涨)。

三个部分主要包括：K线实体、K线上影线、K线下影线。

四种价格指的是，K线开盘价、K线收盘价、K线最高价和K线最低价等。

我们以国内期货举例(图2-1)，日K线是由每个交易日的开盘价、最高价、最低价和收盘价组成，当天的收盘价高于开盘价，意思是当天价格上涨，在期货软件中用红色的空心柱体表示，称之为阳

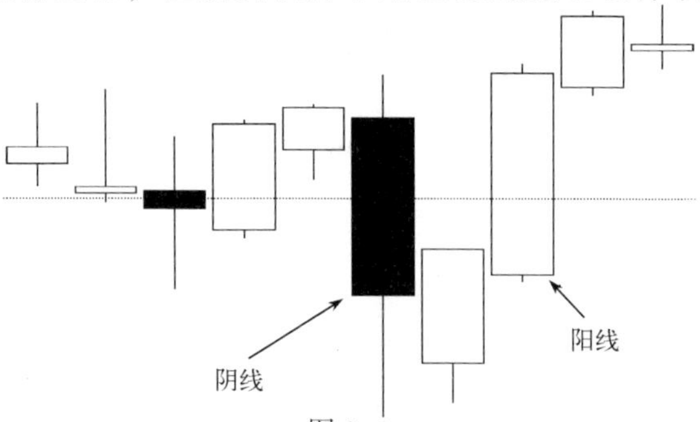

图2-1

线；当天的收盘价低于开盘价，意思是当天价格下跌，在期货软件中用绿色的实心柱体表示，称之为阴线。

2.1.2 K线的含义

K线的颜色表示了当天价格的涨跌，在我国，红色K线表示阳线，即K线收盘价高于开盘价，如图2-2所示，K线最上方的一条细线称为上影线，中间的柱体称为阳线实体，下面的一条细线称为下影线。

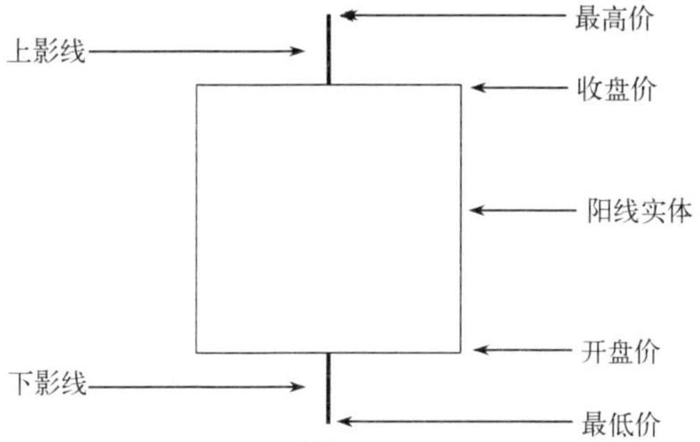

图2-2

在阳线中，上影线的长度表示最高价与收盘价之间的价差，阳线实体的长度表示收盘价与开盘价之间的价差，下影线的长度表示开盘价和最低价之间的价差。

在我国期货市场和股票市场中，绿色K线表示阴线，即K线收盘价低于开盘价，如图2-3所示，K线最上方的一条细线为上影线，中间的柱体称为阴线实体，下面的一条细线称为下影线。

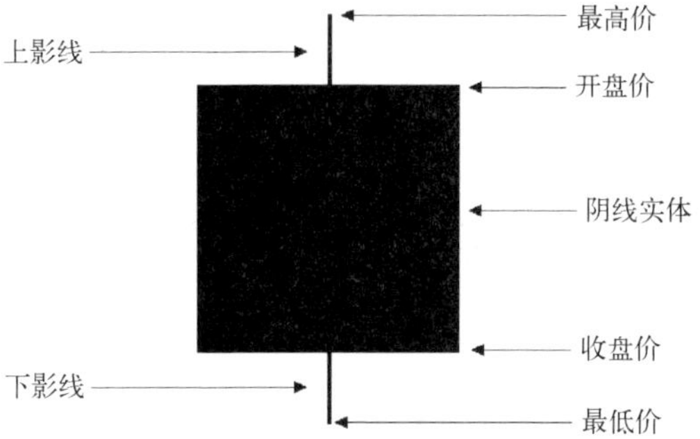

图2-3

在阴线中，上影线的长度表示最高价与开盘价之间的价差，阳线实体的长度表示开盘价与收盘价之间的价差，下影线的长度表示收盘价和最低价之间的价差。

2.1.3 K 线的困惑

K 线的优点：能够协助我们选择入场的时机和设置止损、平仓止盈的时机，能够让我们止盈在相对更好的位置，减少利润的回吐，同时也可让我们更好地去设置止损，减少不必要的过大损失。

如图 2-4 所示 K 线，怎么解释？有的人解读成：尾盘行情又涨了上去，表明行情见底，后市大概率上涨，找机会抄底。有的人会解读成：空头发力，轻易把价格打下来，说明行情多头力量开始衰弱，有见顶反转的可能。

图 2-4

其实以上的解释都对，K 线在不同的位置和不同阶段，完全一模一样的 K 线，却是会有完全相反的不同解释。

如图 2-5 所示，例如在上涨趋势中：出现上述 K 线，则就要解释成行情可能要短期见顶；而出现在下跌趋势中：出现上述 K 线，则就要解释成行情可能要短期见底。所以解读 K 线，我们要配合 K 线的趋势结构，综合分析。

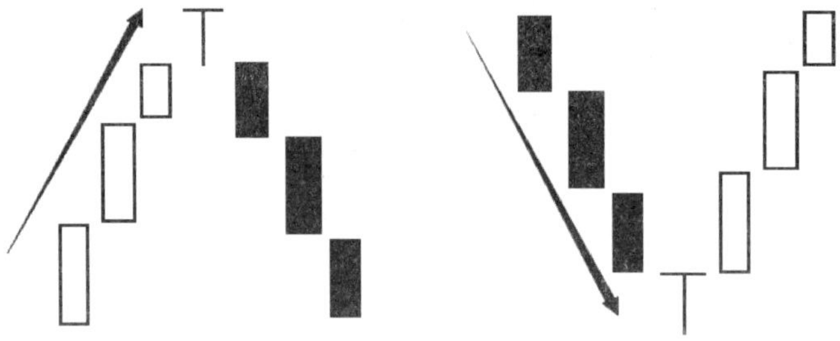

图 2-5

由于大部分投资者总是急于盈利赚钱，每出现一根K线，就想去解读，总是想着K线形成的原因，总是怀疑趋势是否转势，结果导致原本大好的趋势中，却频繁来回进出，既丢失了趋势，又把一波趋势做的支离破碎，不但没有赚到该赚的钱，反而造成了严重性的亏损。

其实大部分时候都应该忽略掉K线，只去关注有效性高的K线、关键点位的K线，或者成交量巨量的K线等，此类关键K线才值得我们关注。这也是大部分人乱用K线的原因。

2.2 K线的种类介绍

2.2.1 按照时间周期划分

按照时间周期划分，小时K线、分钟K线、K线有日K线、周K线、月K线等等。

日K线是用一天的开盘价、收盘价、最高价和最低价绘制的K线，如图2-6。

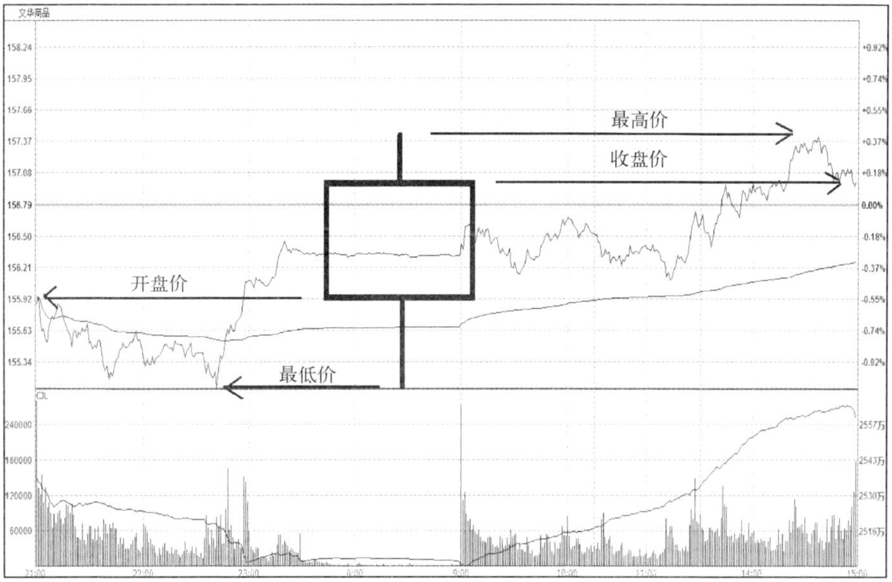

图2-6

国内期货市场中，日 K 线的开盘价时间不统一，其中中国金融期货交易所的交易品种，IH、IF、IC 等品种是周一至周五 9:30 开盘 11:30 收盘，13:00 开盘到 15:00 收盘；国债期货是周一至周五 9:15 开盘 11:30 收盘，13:00 开盘，15:15 收盘。其他三个期货交易所的合约中，有夜盘的品种例如原油、铜、螺纹钢、甲醇等品种为前一交易日的 21:00 开盘(周一至周五)，白天交易时间同白盘交易品种，夜盘品种中结束时间因为品种的不同而不同，最晚结束的是原油、黄金、白银等至第二天凌晨 2:30，最早结束的品种有螺纹钢、热卷等 23:00 就收盘了。

没有夜盘的品种例如玉米、塑料、锰硅等品种为当日的 9:00 开盘(周一至周五)，收盘全部都是周一至周五的 15:00(节假日除外)，具体到某个合约的具体时间可以去软件中的资料里详细查看。

例如：

IF 加权合约(图 2-7)，9:30 开盘到 11:30 休息，13:00 开盘至 15:00 收盘结束，总计两个交易时间段。

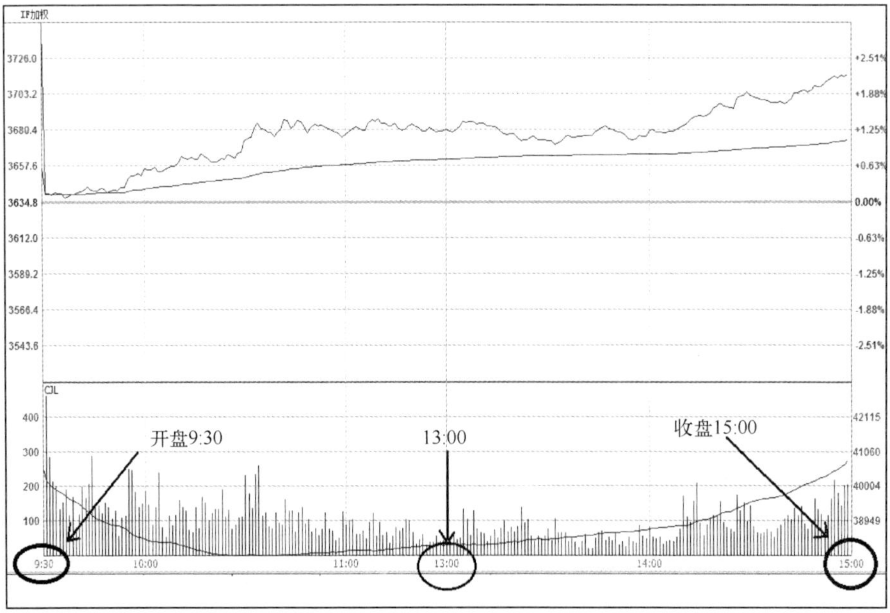

图 2-7

国债加权合约(图 2-8)，9:15 开盘至 11:30 休息，13:00 开盘至 15:15 收盘结束，也是两个交易时间段。

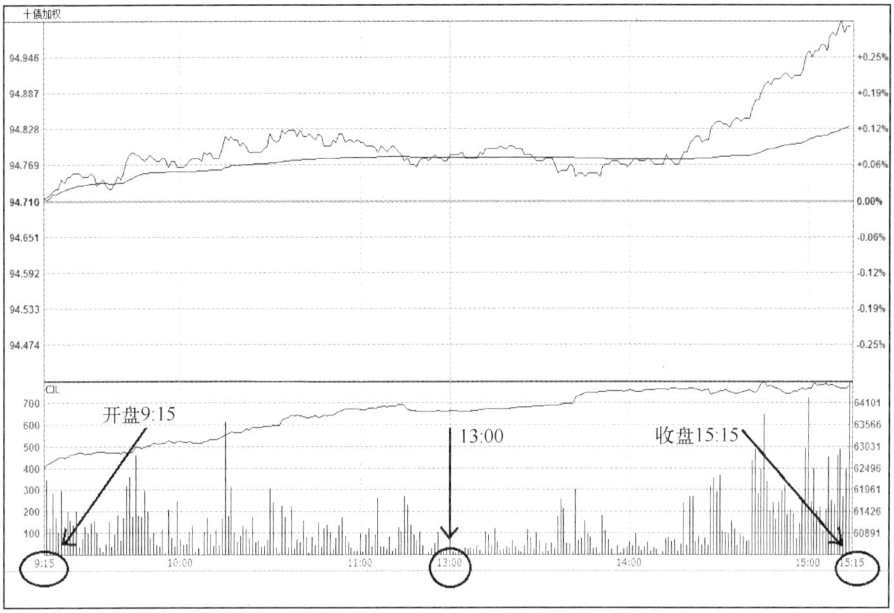

图 2-8

螺纹(图 2-9)例如：周一的 K 线，开盘价在前一个交易日(上周五)的 21:00 开盘(法定节假日除外)23:00 收盘，周一早盘 9:00 开盘 10:15 休盘，10:30 休盘结束到 11:30 收盘，13:30 开盘，15:00 收盘，总计夜盘品种有四个交易时间段。

白盘的品种 PVC(图 2-10)。例如：周一的 K 线，开盘价在 9:00 到 10:15 休盘，10:30 到 11:30 休市，13:30 到 15：00 收盘，总计三个时间段。

其他周期均线，如周 K 线是以周一的日 K 线的开盘价、周五的收盘价、一周最高价和一周最低价绘制的 K 线图。

举例说明，如图 2-11 所示：螺纹指数 2017 年 4 月 10 日至 4 月 14 日一周的日 K 线，以 2017 年 4 月 10 日周 一 K 线的开盘价作为这一周的开盘价，以 2017 年 4 月 14 日周五的收盘价作为一周的收盘

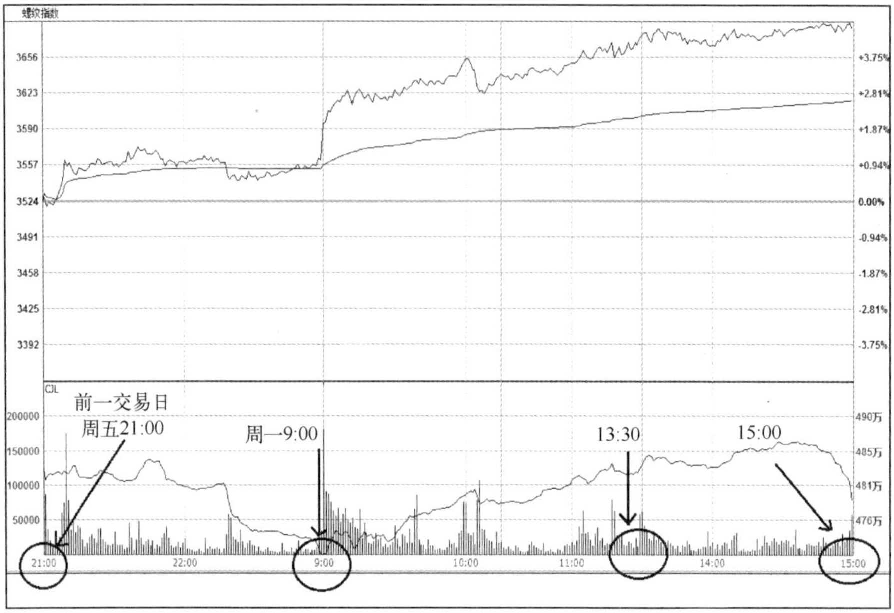
螺纹指数
3656
3623
3590
3557
3524
3491
3458
3425
3392
+3.75%
+2.81%
+1.87%
+0.94%
0.00%
-0.94%
-1.87%
-2.81%
-3.75%
CJL
200000
150000
100000
50000
490万
485万
481万
476万
前一交易日
周五21:00
周一9:00
13:30
15:00
21:00
22:00
9:00
10:00
11:00
14:00
15:00

图 2-9

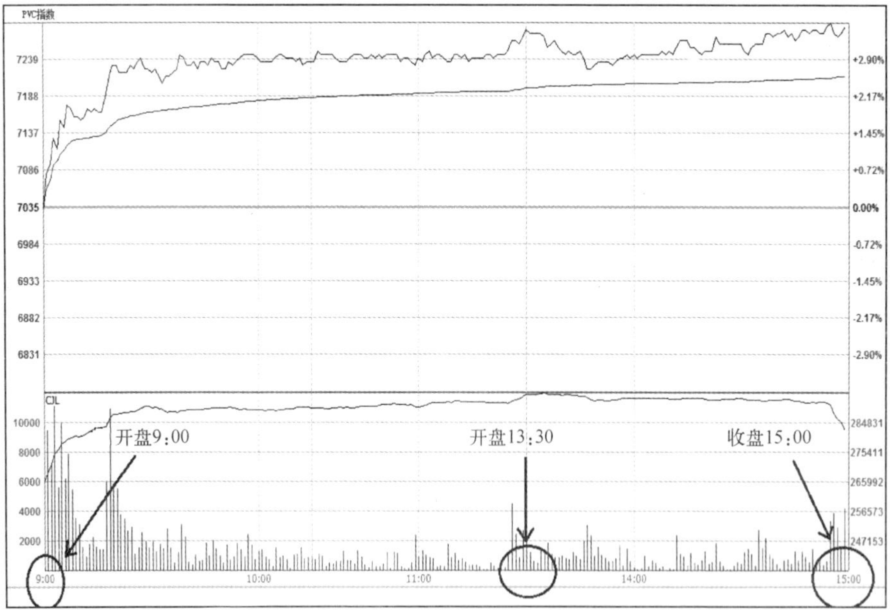
PVC指数
7239
7188
7137
7086
7035
6984
6933
6882
6831
+2.90%
+2.17%
+1.45%
+0.72%
0.00%
-0.72%
-1.45%
-2.17%
-2.90%
CJL
10000
8000
6000
4000
2000
284831
275411
265992
256573
247153
开盘9:00
开盘13:30
收盘15:00
9:00
10:00
11:00
14:00
15:00

图 2-10

价，同时找到这一周的最高价和最低价，绘制当周的周K线，如图2-12所示，为软件中周K线图中的周K线。

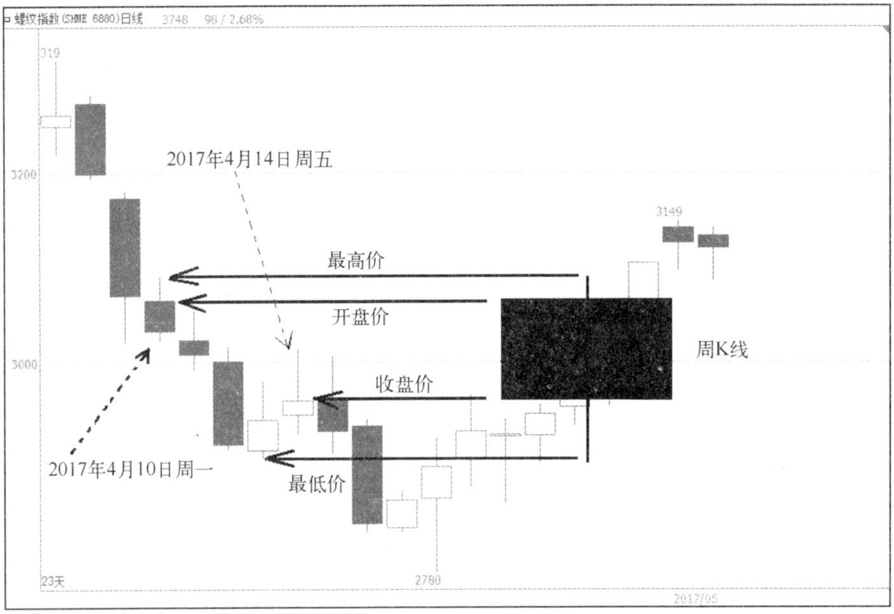

图2-11

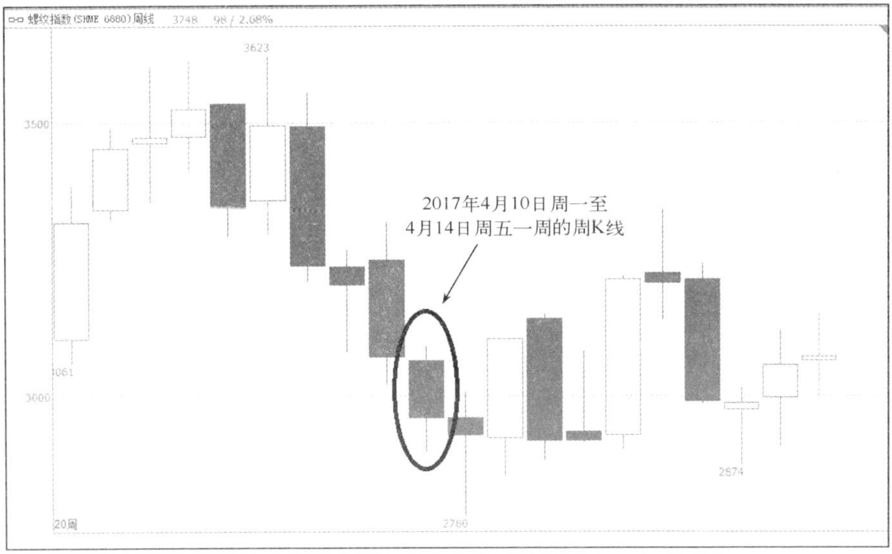

图2-12

月K线是以一个月的第一个交易日的开盘价、最后一个交易日的收盘价和一个月中最高价与最低价绘制的K线图。

举例说明，如图2-13所示：2016年11月份的橡胶指数的月K线绘制，是由2016年11月份第一个交易日11月1日的开盘价作为月K线的开盘价，由2016年11月份最后一个交易日11月30日的收盘价作为月K线的收盘价，分别寻找出当月的最高价和最低价，绘制的K线为2016年11月份的月K线，对应图2-14为软件中的月线图中的月K线。

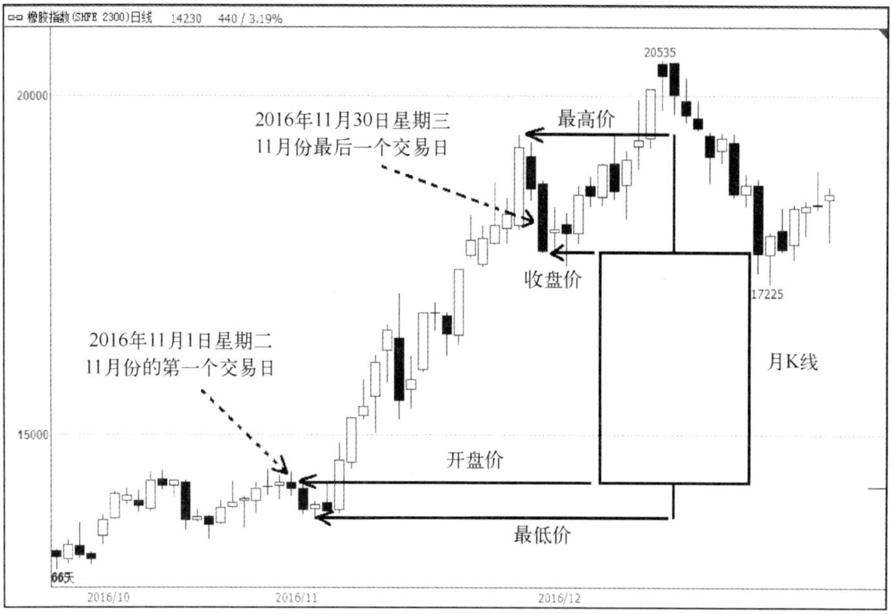

图2-13

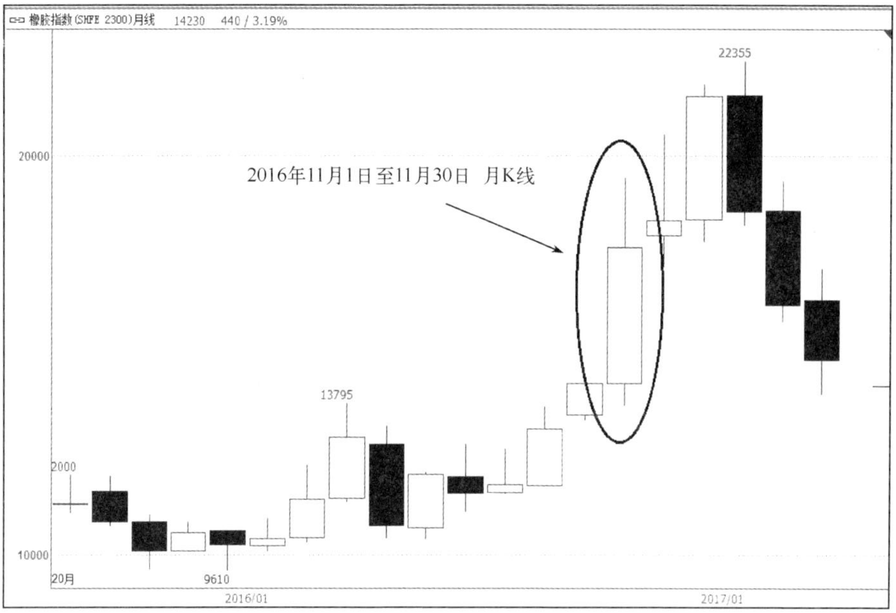

图 2-14

2.2.2 单根 K 线形态划分

若以单根 K 线的形态来划分，大致可以分为以下几种标志性 K 线，而 K 线的组合都是由多根 K 线形态组合而成。

大阳线

大阳线的基本 K 线形态是开盘价接近于整个交易日的最低价，随后价格一路上扬至最高处收盘，表示市场多头强势，后市继续看涨。一般大阳线的最高价与收盘价相同或略高于收盘价，最低价与开盘价一样或略低于开盘价。

大阳线中，最常见的是光头光脚阳线，光头光脚阳线的意思是，开盘价与最低价相同没有下影线，收盘价与最高价相同没有上影线（图 2-15）。

一般光头光脚阳线的出现会伴随着成交量的放大，如图 2-16 所示，其阳线实体越长，则力量越强，反之，则力量就越弱。

图 2-15

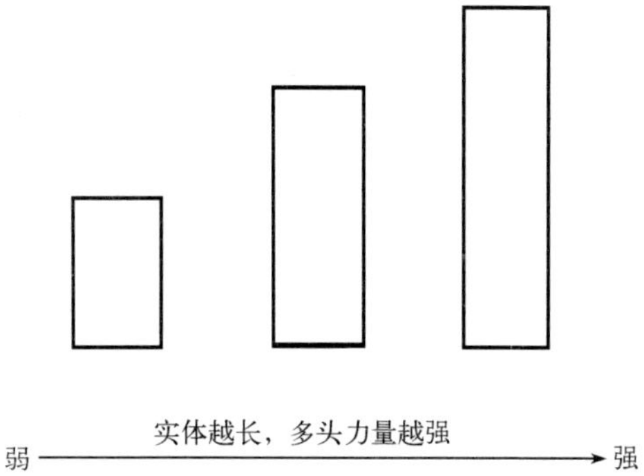

图 2-16

如图 2-17 所示，光头光脚大阳线，大概率出现在上升的趋势中，代表多头力量强势，特别是当天出现涨停，后市大概率继续上涨。遇到大阳线，后市可寻找机会进场做多，千万不可遇到大阳线立即做空，去赌行情的顶部或回调，即使出现在了行情的顶部，我们也要等待其他标志性的做空信号之后才可以空单进场。

大阴线

大阴线的基本 K 线形态是开盘价接近于整个交易日的最高价，随后价格一路下跌至最低处收盘，表示市场空头强势，后市继续看跌。一般大阴线的最高价与开盘价相同或略高于开盘价，最低价与收盘价一样或略低于收盘价。

大阴线中，光头光脚阴线的形态最具代表性，光头光脚阴线的意思是，开盘价与最高价相同没有上影线，收盘价与最低价相同没有下影线（图 2-18）。

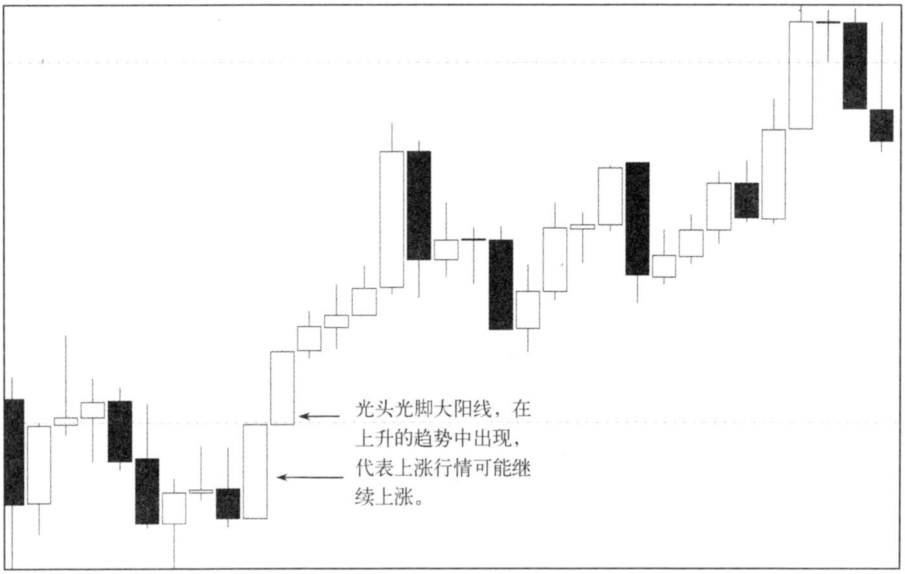

图 2-17

图 2-18

光头光脚阴线的出现代表着空头力量强烈，其实体部分越长，则说明短期下跌力度越大，如图 2-19 所示，其阴线实体越长，则力量越强，反之，则力量就越弱。

光头光脚大阴线，在下跌的趋势中出现，代表空头力量强势，后

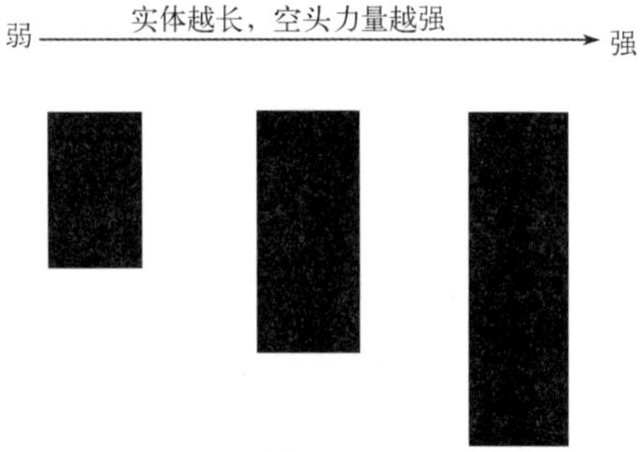

图 2-19

市大概率继续下跌，如图 2-20 所示，出现了大阴线之后，后市可以寻找机会做空，千万不可立即做多去赌行情的反弹或底部。

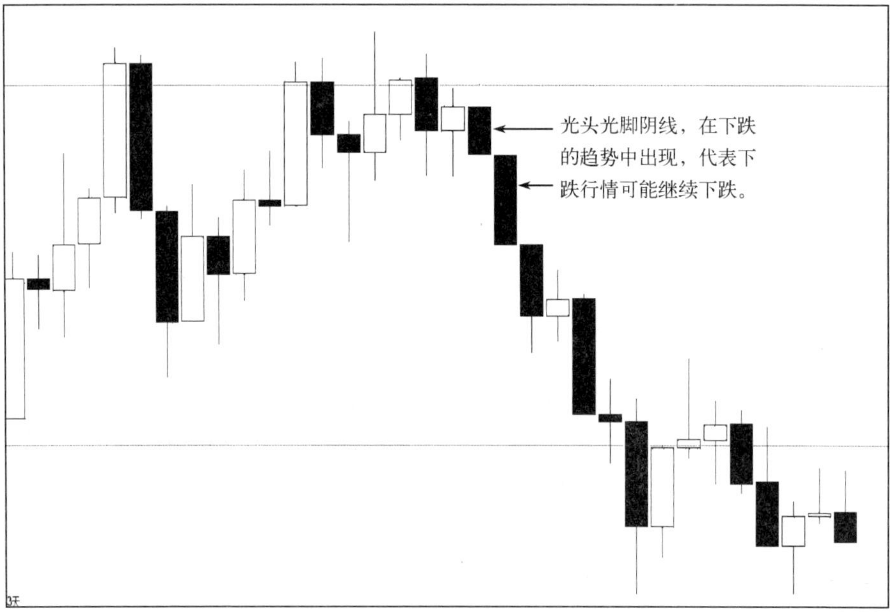

图 2-20

十字星

当 K 线的开盘价与收盘价相同，且上影线和下影线长度相近，这种 K 线形态称之为十字星(图 2-21)。

十字星出现的位置不一样则代表的信号就不一样，如果是在上涨

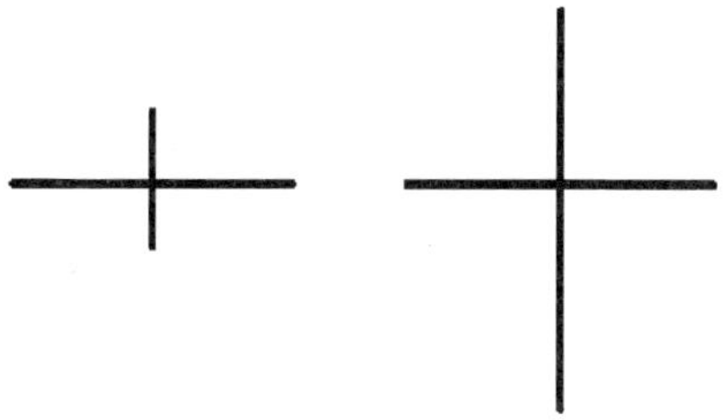

图 2-21

的趋势中出现则预示未来大概率继续上涨(图 2-22)，如果是在下跌的趋势中出现则预示未来大概率继续下跌(图 2-23)，如果出现在阻力位置较强的顶部则表示行情大概率见顶了，如果出现在下方支撑位比较强的底部，则表示行情大概率要见底了。

图 2-22 所示属于上涨中继形态，上涨趋势当中，短时间的整理，行情延续上涨趋势。

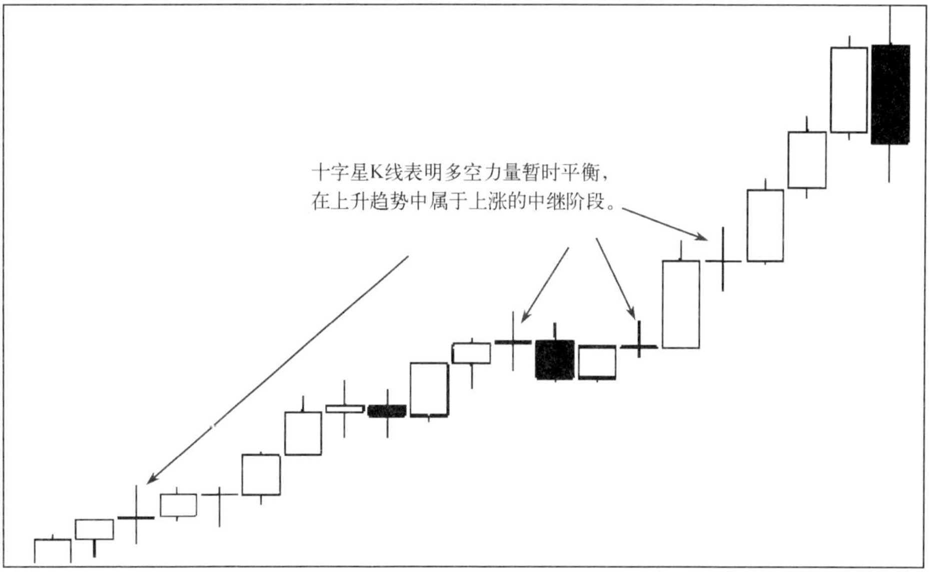

图 2-22

图 2-23 所示属于下跌中继形态，下跌趋势中，出现十字星，行情短时间反弹幅度有限，后市继续看空。

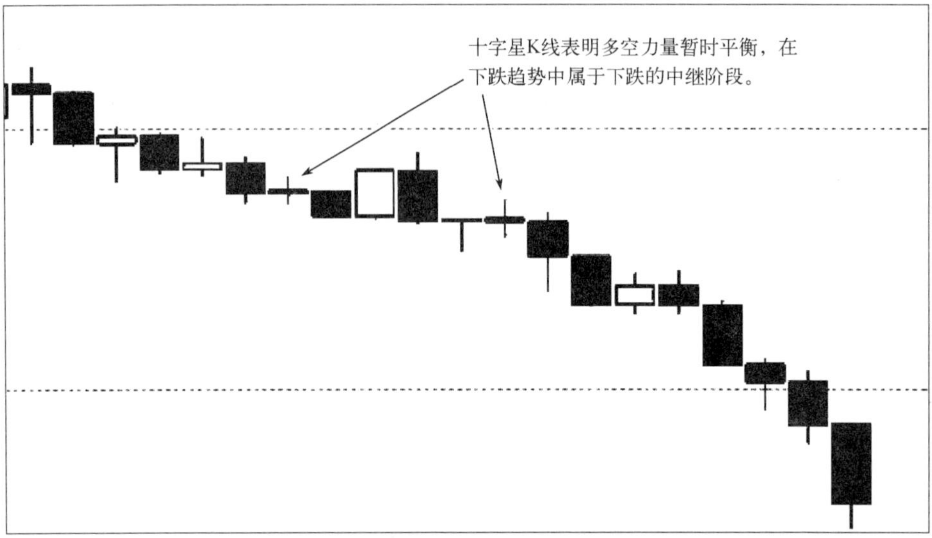

图 2-23

如果十字星出现在长期下跌后，跌至前期底部支撑位处，且后几日出现连续大阳线，大概率行情见底，如图 2-24 所示。

如果行情长时间上涨，涨至前方高位压力处收出十字星，且后面出现大阴线，行情大概率见顶，如图 2-25 所示。

十字星代表着力量的均衡，如果带有长上影线和长下影线的十字星前一个交易日和后一个交易日有大阴线和大阳线，两种相反力量的强有力 K 线出现在其前后，则大概率短期时间内有回调或者反弹，也有可能就是一个趋势的高点或者趋势的低点。如图 2-26 所示，这种信号的出现，只可作为减仓或平仓的依据，但切不可作为反手或者开仓的依据，如果在反弹或回调末期出现这种信号，我们就可以顺着大的方向参与进去，下跌趋势中的大阴线底部或上涨趋势中大阳线的顶部建仓，大阴线最高点或大阴线最低点止损。

锤子线、倒锤子线

锤子线 K 线(图 2-27)是一种常见的反转形态，标准的锤子线是一根带有很长下影线、没有上影线的光头 K 线，一般情况下，K 线的下影线部分的长度是实体部分的三倍以上。

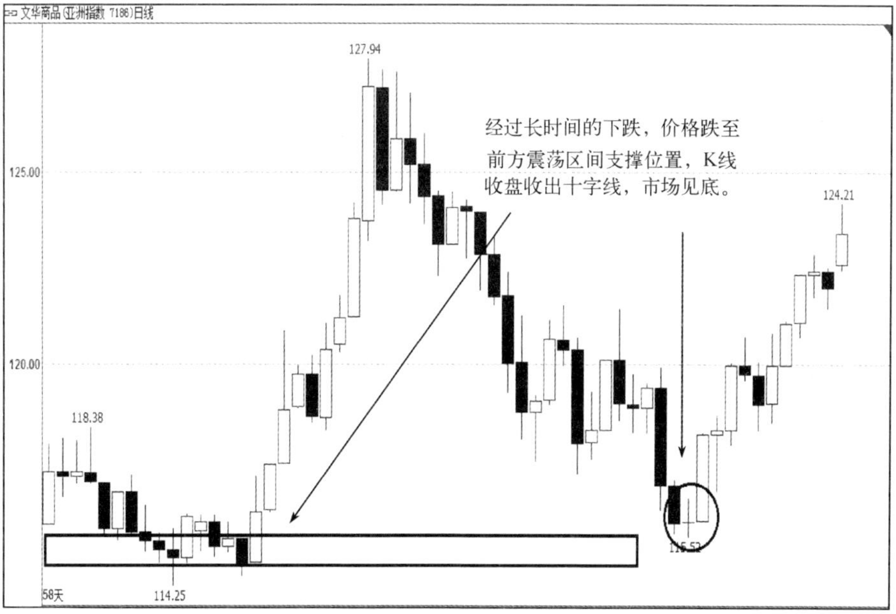
文华商品(亚洲指数 7186)日线
127.94
125.00
经过长时间的下跌，价格跌至前方震荡区间支撑位置，K线收盘收出十字线，市场见底。
124.21
120.00
118.38
58天
114.25

图 2-24

文华商品(亚洲指数 7186)日线
161.78
160.00
158.33
价格经过一段时间上涨，涨至前方高位压力区间收盘收出一根十字星，且第二个交易日一根大阴线，市场见顶。
150.00
145.92

图 2-25

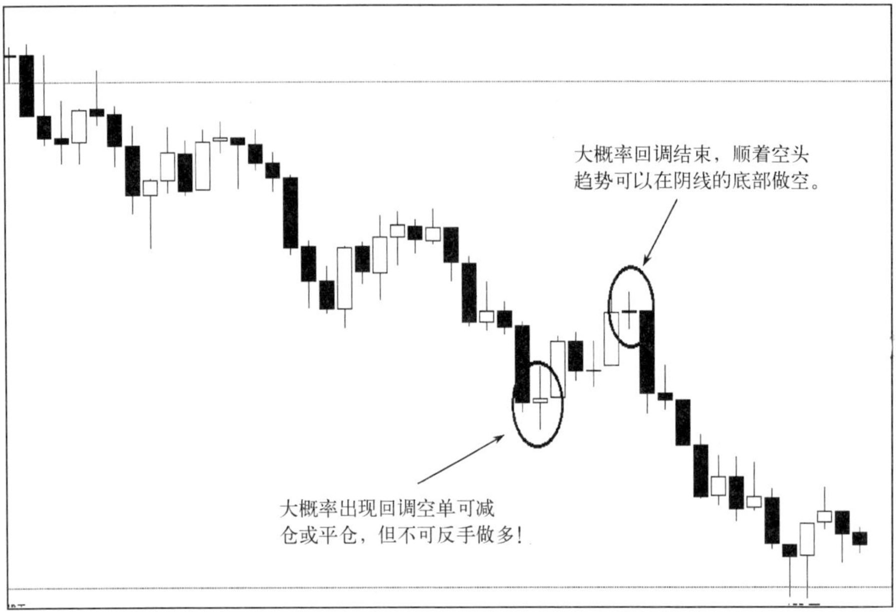

图 2-26

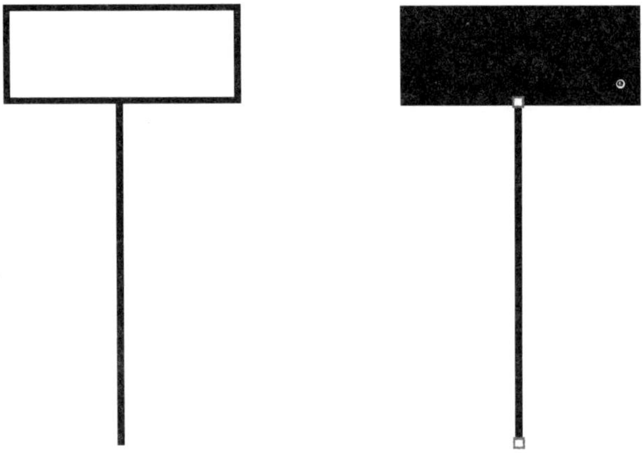

图 2-27

锤子线出现在下跌趋势当中，一般理解为止跌，下影线越长同时锤头越小，锤头实体为阳线，配合成交量的放大，止跌可能性就越大，下跌趋势中锤子线信号的出现可作为减仓或平仓的依据，但不可作为开仓依据，如图 2-28 所示。

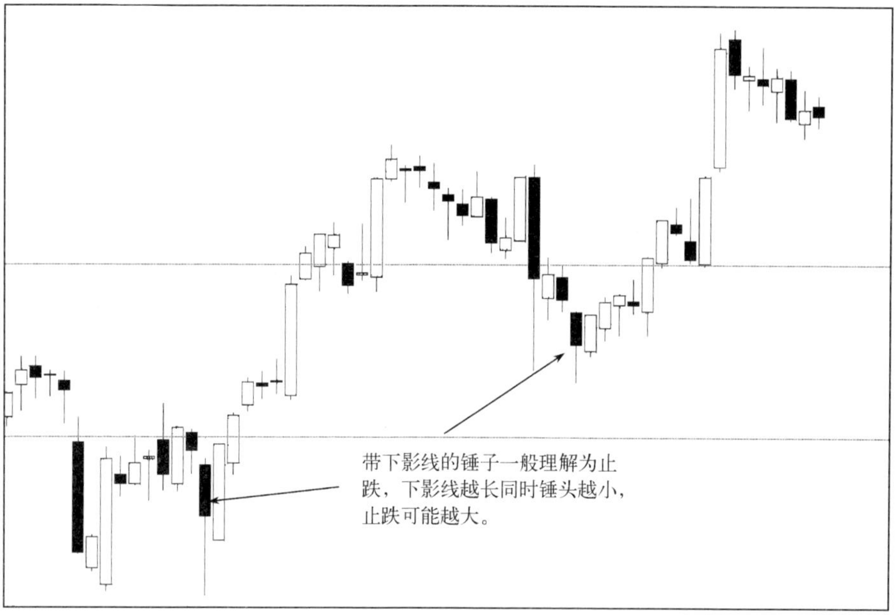

图 2-28

图 2-29 中，当锤子线左右两方出现大阴线和大阳线两种相反的强有力的多空力量时，可以认为是一种大概率的反转信号，行情大概率短时间见底了。如图 2-29 中，在下跌一段时间后，出现锤子线，前几交易日出现大阴线空头强势打压，价格迅速下跌，但是力量不足，致使价格下不去，该跌不跌，显示出做空力量开始衰竭，趋势有反转的可能，后面的交易日出现大阳线，基本可以确定多头力量获胜，底部初步形成。

锤子线颠倒过来，成为倒锤子线 K 线（图 2-30）。倒锤子线一般也用来作为反转信号使用，标准的倒锤子线是一根带有很长上影线、没有下影线的光脚 K 线，一般情况下，K 线的上影线部分的长度是实体部分的三倍以上。

倒锤子线出现在上升趋势当中，一般理解为上涨结束，上影线越长同时锤头越小，锤头实体为阴线，则顶部的可能性就越大，上涨趋势中，倒锤子线信号的出现可作为减仓或平仓的依据，但不可作为开

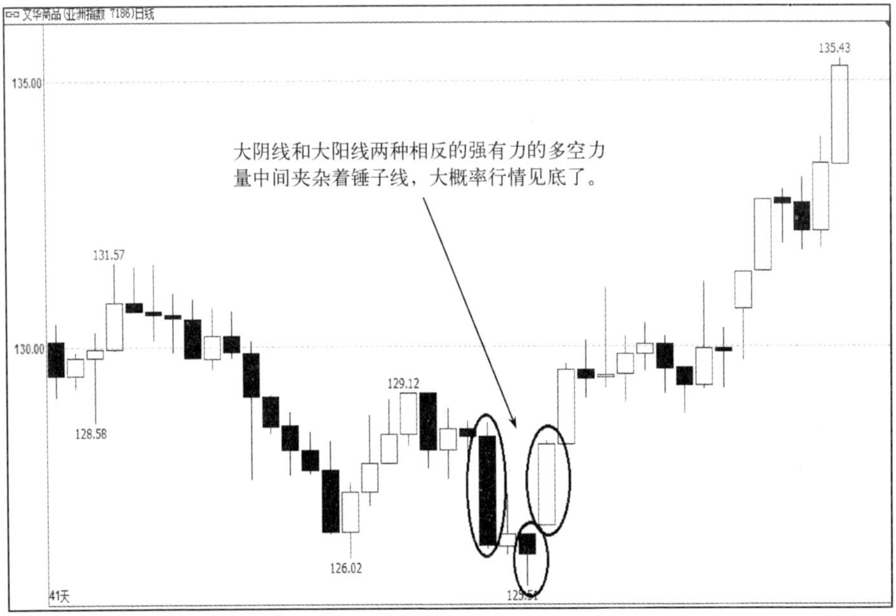

图 2-29

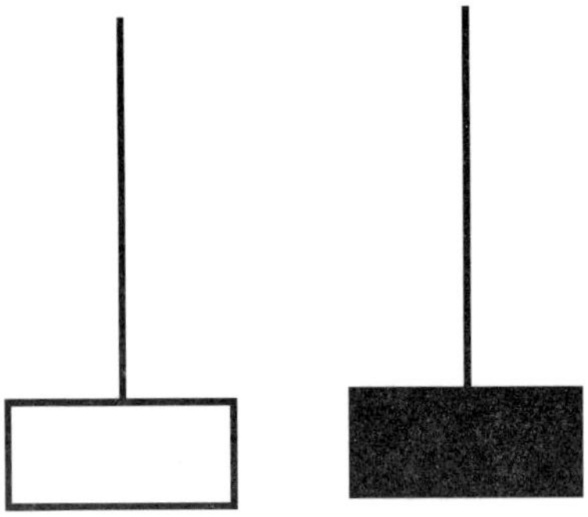

图 2-30

仓依据，如图 2-31 所示。

倒锤子 K 线如果出现在上涨趋势形成后的震荡末端，此时的倒锤子线属于反转信号，同时左右方分别出现不同力量的大阳线和大阴线，大概率说明行情已经见顶了。

如图 2-32 所示，行情在上涨一段时间后，前一交易日，出现大阳线多头力量强势上攻，但是力量不足，部分多头开始平仓，空头开

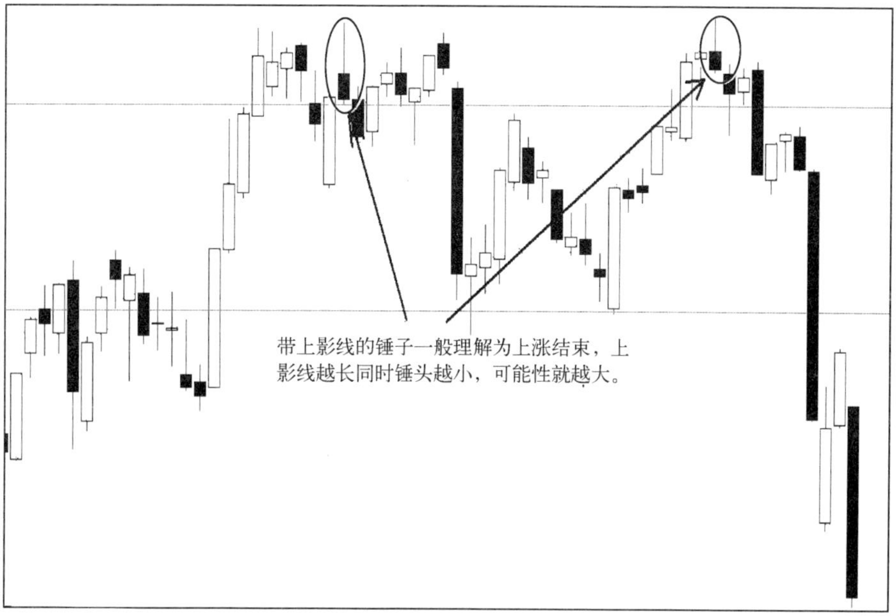
带上影线的锤子一般理解为上涨结束，上
影线越长同时锤头越小，可能性就越大。

图 2-31

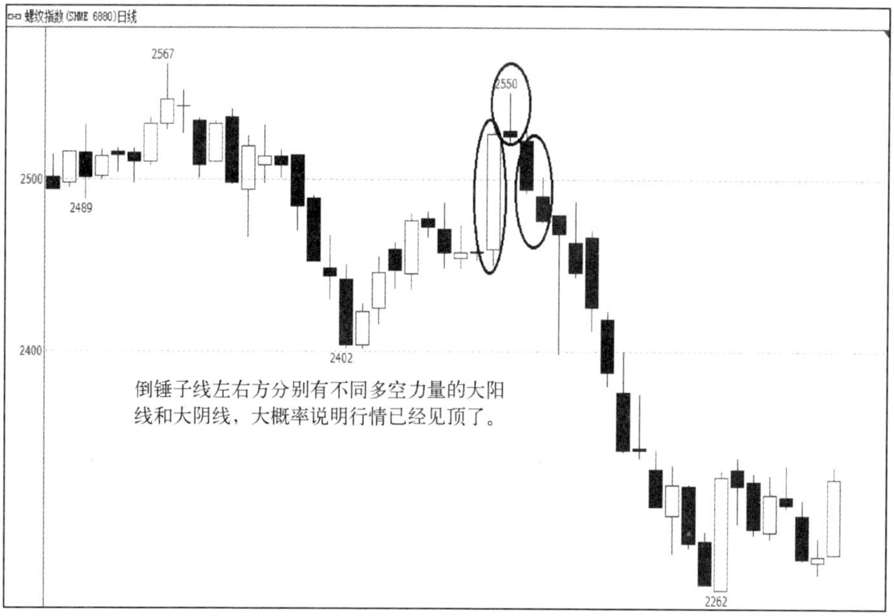
螺纹指数(SHME 6880)日线
2567
2550
2500
2489
2400
2402
2262
倒锤子线左右方分别有不同多空力量的大阳
线和大阴线，大概率说明行情已经见顶了。

图 2-32

始发力，致使价格站不上去，收盘价大幅回落，该涨不涨，显示出做多力量开始衰竭，趋势有反转的可能，

后面的交易日出现大阴线的空头力量，证明了短时间空头占据优势，此时要结合成交量和持仓量的变化，才能确定是暂时的回调还是顶部。

T 字线、倒 T 字线

T 字线(图 2-33)即开盘价、最高价、收盘价都相等，这种走势形态的 K 线就称为“T 字线”。倒 T 字线(图 2-34)即开盘价、最低价、收盘价都相等。

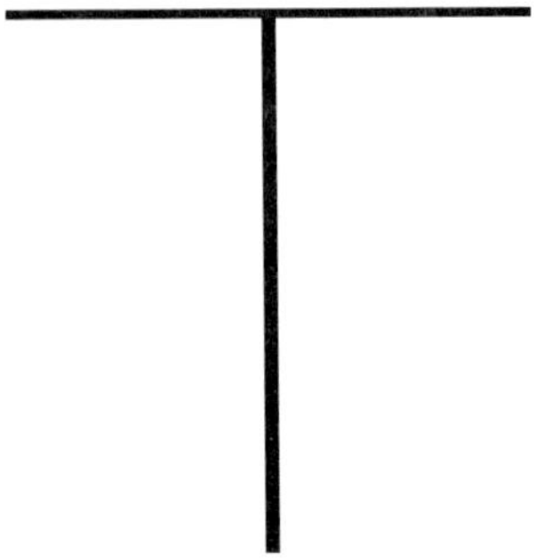

图 2-33

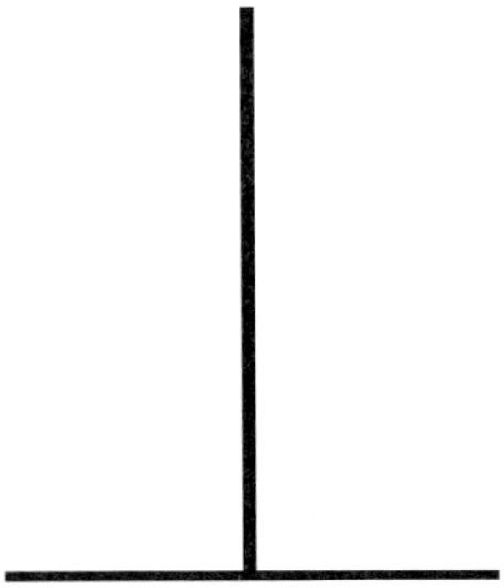

图 2-34

一般在国内期货中，此种 K 线形态极少出现，用法和锤子线与倒锤子线一致，T 字线或倒 T 字线一般作为反转信号，无论在上涨趋势，还是在下跌趋势，只要上影线很长，或者下影线很长，那么行情都有可能发生反转。

当 T 字线出现在长期下跌的低位区域时，则标志着多头力量明显变强，下影线越长，止跌信号就越强烈，如图 2-35 所示。

当倒 T 字线出现在长期上涨的高位区域时，则标志着空头力量明显变强，上影线越长，代表后市上涨幅度有限，如图 2-36 所示。

倒 T 字线与大阴线和大阳线的组合 K 线，此时的倒 T 字线属于反转信号，如图 2-37 所示倒 T 字线左右方分别出现不同力量的大阳线和大阴线，大概率说明行情见顶了。

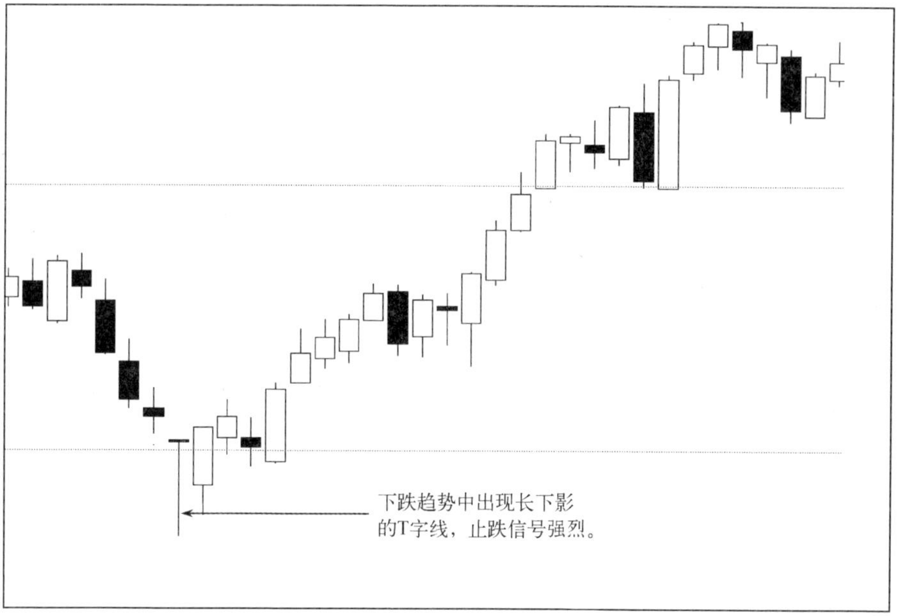

图 2-35

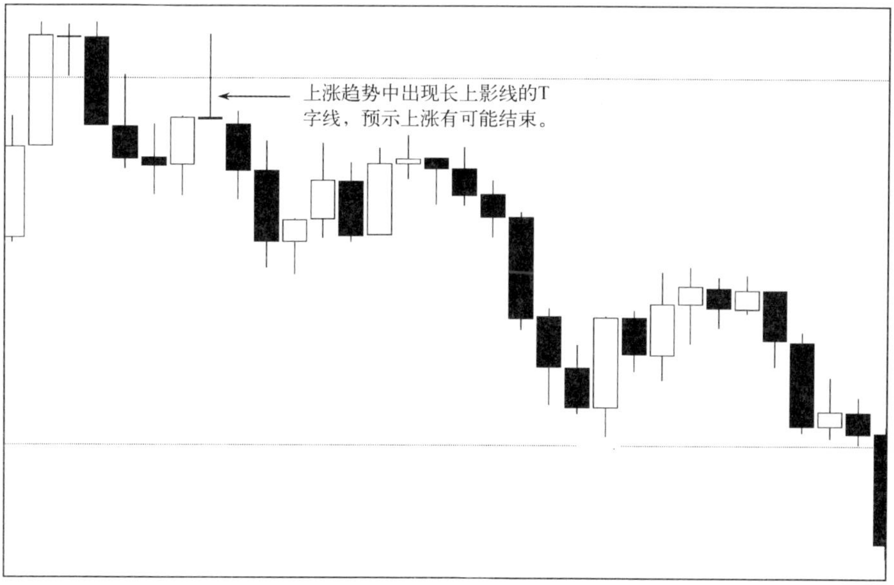

图 2-36

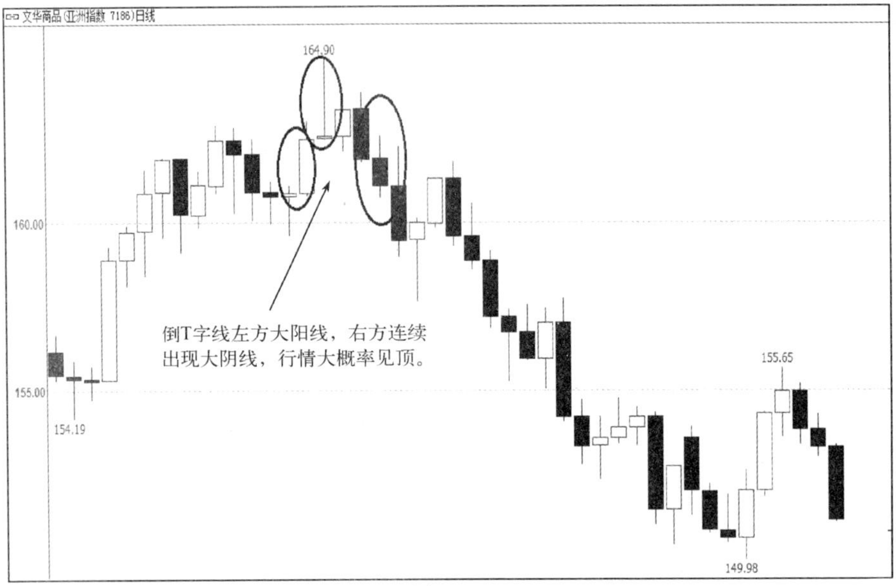

图 2-37

跳空缺口

国内期货市场受国外期货市场、国内节假日、国内市场多空因素或者是消息面基本面的影响等，一部分品种经常有跳空的情况，这种跳空我们称为缺口。所谓的跳空缺口，是指在两根 K 线之间存在的价格断层。

当最新一个交易日的最高价低于前一个交易日的最低价，就形成了“向下跳空缺口”，代表空头力量占优，如图 2-38 所示。

当最新一个交易日的最低价高于前一个交易日的最高价，就称为“向上跳空缺口”，代表多头力量强势(图 2-39)。

当缺口出现之后，如果价格重新回到了缺口的区域，就称为“缺口回补”；如果价格将缺口完全覆盖，就称为“完全回补”，如果只是部分的覆盖，就称为“部分回补”。缺口的出现代表着趋势的延续，也预示着行情趋势性的强势，未来大概率会朝着缺口方向发展。

例如节假日的跳空缺口，2016 年 10 月 10 日，甲醇期货国庆节后开盘跳空高开，价格先是向下部分回补跳空缺口，后收盘形成一根带有下影线的十字星，预示着多方力量强劲，后市继续看涨！如图 2-40 所示。

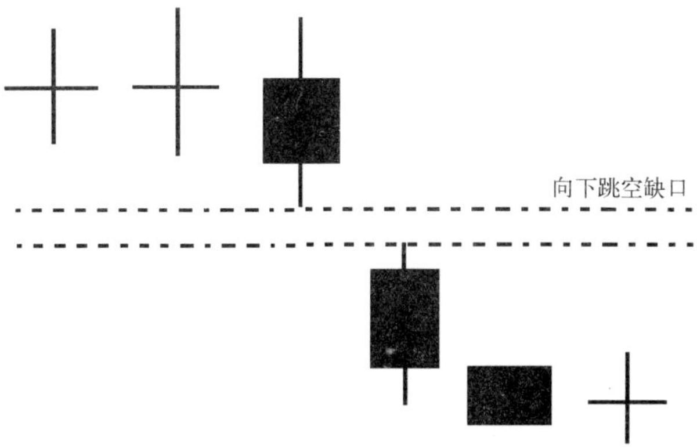

图 2-38

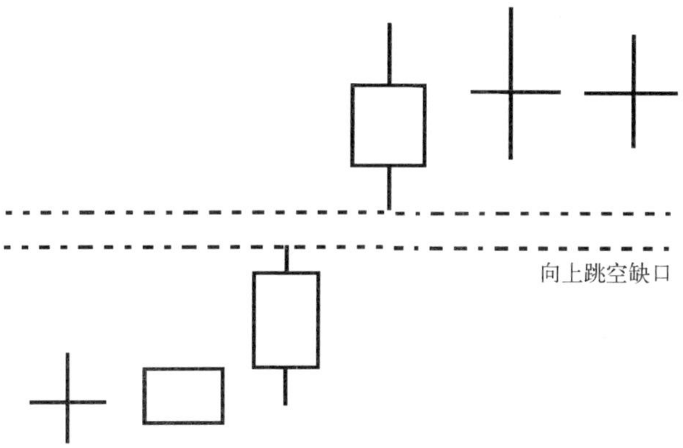

图 2-39

图 2-41 是国内的塑料期货走势，通常受商品原油的影响，开盘跳空也经常会出现，图中的跳空，几乎没有出现回补，收盘收出一根大阴线，预示后市继续看空！

通常来说，缺口的出现会对价格的走势形成支持或阻力的作用，如图 2-42 所示，如果价格长时间未能突破跳空区间，则预示着价格继续朝着原来的跳空趋势走。

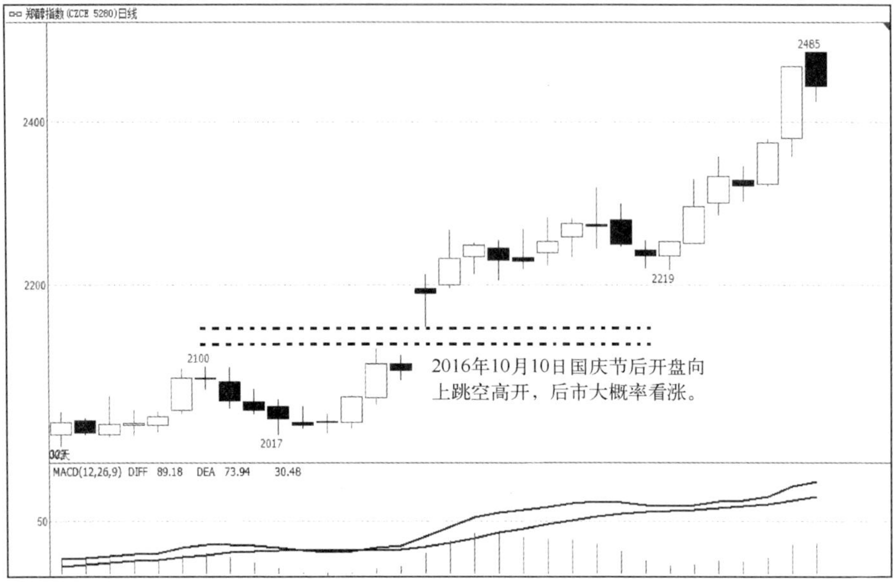
郑醇指数(CZCE 5280)日线
2485
2400
2200
2219
2100
2017
2016年10月10日国庆节后开盘向
上跳空高开，后市大概率看涨。
MACD(12,26,9) DIFF 89.18 DEA 73.94 30.48
50

图 2-40

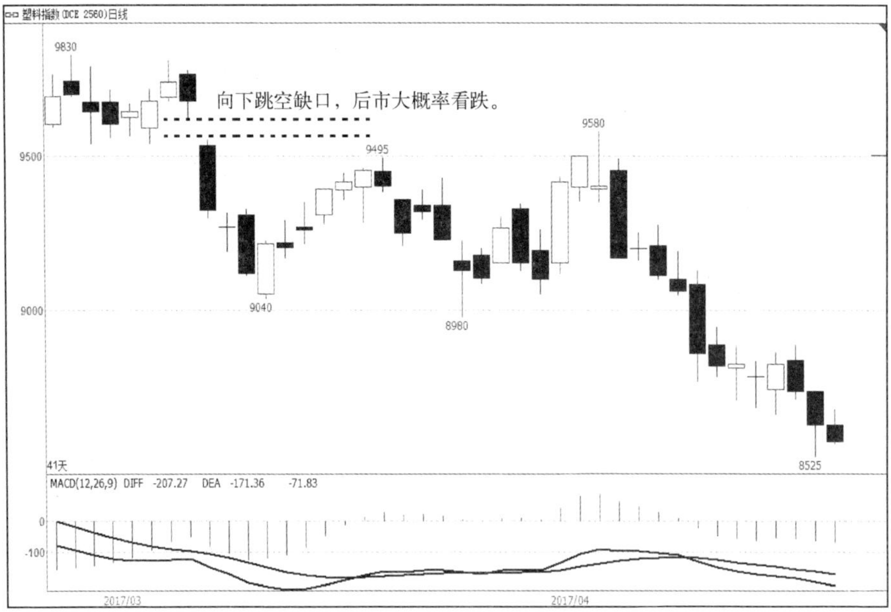
塑料指数(DCE 2560)日线
9830
向下跳空缺口，后市大概率看跌。
9580
9495
9500
9040
9000
8980
8525
41天
MACD(12,26,9) DIFF -207.27 DEA -171.36 -71.83
0
-100
2017/03
2017/04

图 2-41

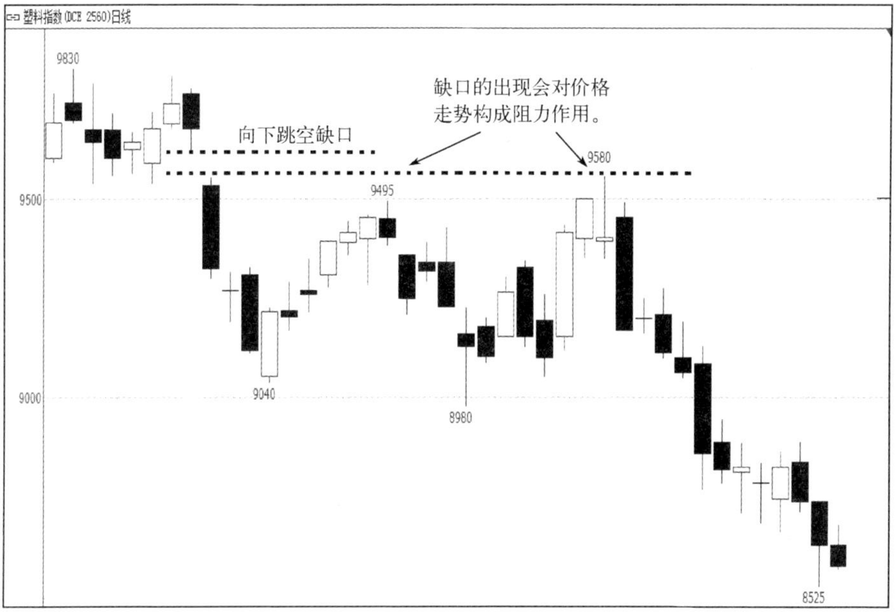

图 2-42

涨停和跌停

停板是由交易所逐日为每种合约规定的最大价格波动幅度，分为涨停板和跌停板。

涨停板：某商品当日可输入的最高限价（等于昨结算价+最大变动幅度）。

跌停板：某商品当日可输入的最低限价（等于昨结算价-最大变动幅度）。

涨停和跌停在期货中是个非常重要的信号，在期货合约中，并不是所有的合约品种波动幅度限制都是一样的，具体的品种还要看该品种的合约资料。一般在上涨趋势中出现涨停，后市大概率继续延续上涨趋势，且看涨意愿强烈，一般出现涨停后，第二个交易日通常情况下大概率会跳空高开，后市可以寻找机会做多；在下跌趋势中出现跌停，后市大概率继续延续下跌趋势，一般跌停后，第二个交易日大概率会低开，且看空意愿强烈，后市可以寻找机会做空。

如图 2-43 所示，涨停板之后的交易日开盘跳空高开，预示行情后市多头强势。

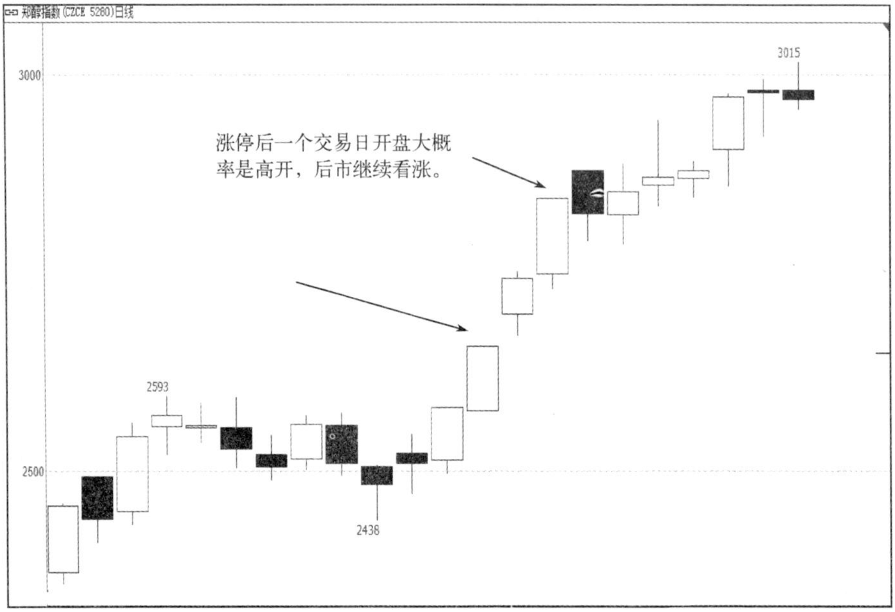

图 2-43

如图 2-44 所示，跌停板之后开盘大概率跳空低开，预示后市大概率继续下跌。

利用涨停板和跌停板可以发现市场短期的趋势，如果出现涨停板后，就可以定义当下该品种的趋势为多头，后市做单就可以只找机会做多，不去做空；如果出现跌停板后，就可以定义当下该品种的趋势为空头，做单就可以只找机会做空，不去做多。

如图 2-45 所示，2014 年 2 月 10 日，甲醇 1405 合约出现涨停板，说明市场看多意愿强烈，第二个交易日开盘跳空高开，开盘后价格上冲后大幅回落，多头获利了结，力量衰减，已经跌破涨停板位置，此时多单可以减仓或者平仓。2014 年 2 月 24 日，甲醇 1405 合约在晚盘出现跌停板，跌停时间迅速，说明空头坚决，第二个交易日大幅度跳空低开，后市继续看空。

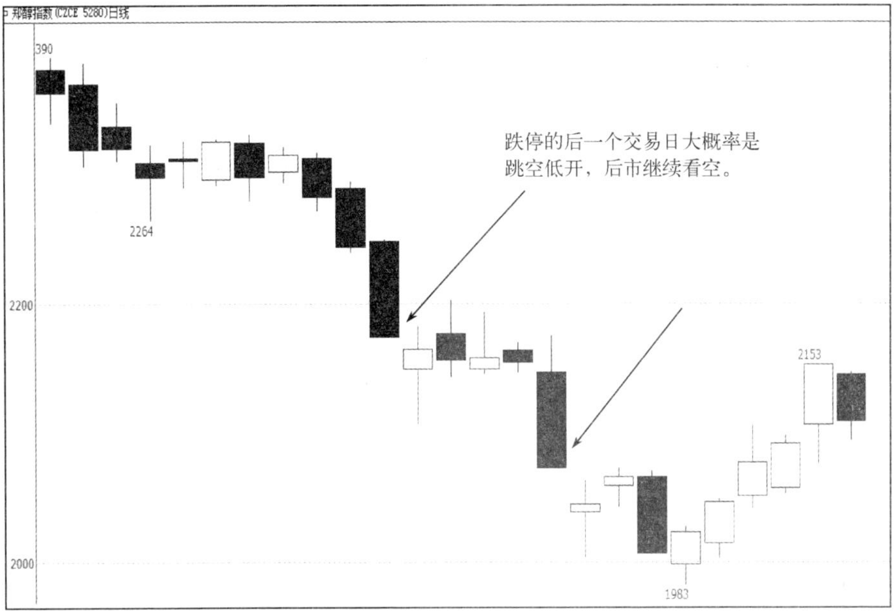
郑醇指数(CZCE 5280)日线
390
2264
2200
2000
1983
2153
跌停的后一个交易日大概率是
跳空低开，后市继续看空。

图 2-44

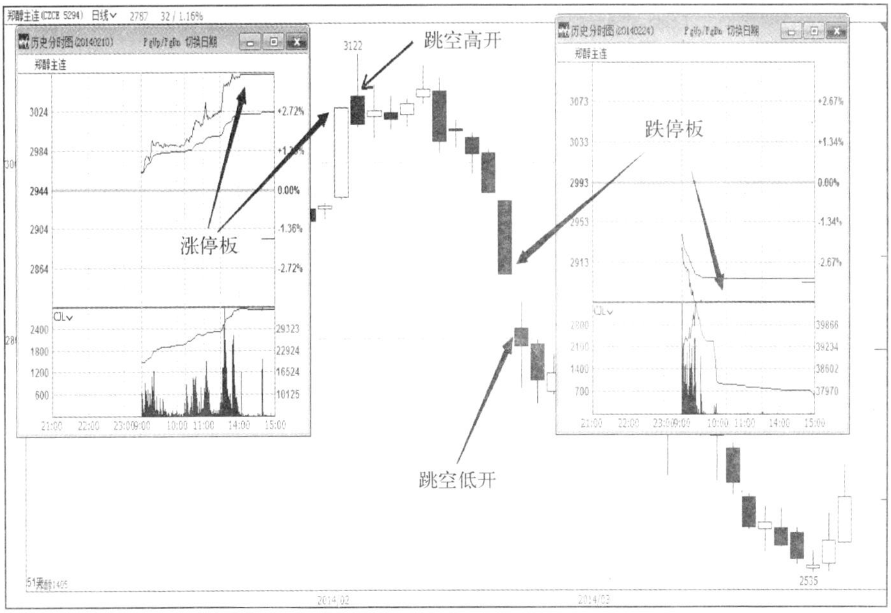
郑醇主连(CZCE 5294) 日线
历史分时图(20140210)
郑醇主连
3024
2984
2944
2904
2864
+2.72%
0.00%
-1.36%
-2.72%
涨停板
3122
跳空高开
历史分时图(20140224)
3073
3033
2993
2953
2913
+2.67%
+1.34%
0.00%
-1.34%
-2.67%
跌停板
跳空低开
2535

图 2-45

2.2.3 K 线组合形态

K 线组合形态分为黏合形态、锯齿形态、趋势上涨形态和趋势下跌形态等四种(图 2-46)。

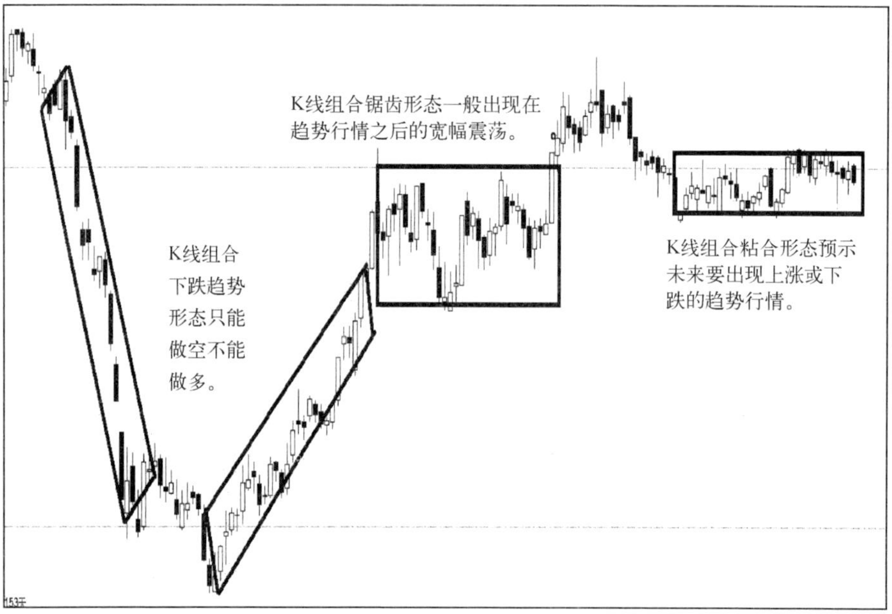

图 2-46

K 线黏合形态是指 K 线在一定的时间段，在一个小范围区间箱体小幅波动，幅度有限，出现时间越长，预示着未来趋势性上涨或趋势性下跌行情就越猛烈，如图 2-47 所示。

K 线锯齿形态是指 K 线价格一段时间内大幅度上下震荡，一般出现在趋势性行情之后，多空分歧较大，行情有限，不宜参与入场交易，如图 2-48 所示。

K 线趋势上涨形态是指价格突破黏合形态或者锯齿形态的箱体震荡上沿口形成的上涨趋势，行情处于上涨趋势中只可以做多严禁做空，如图 2-49 所示。

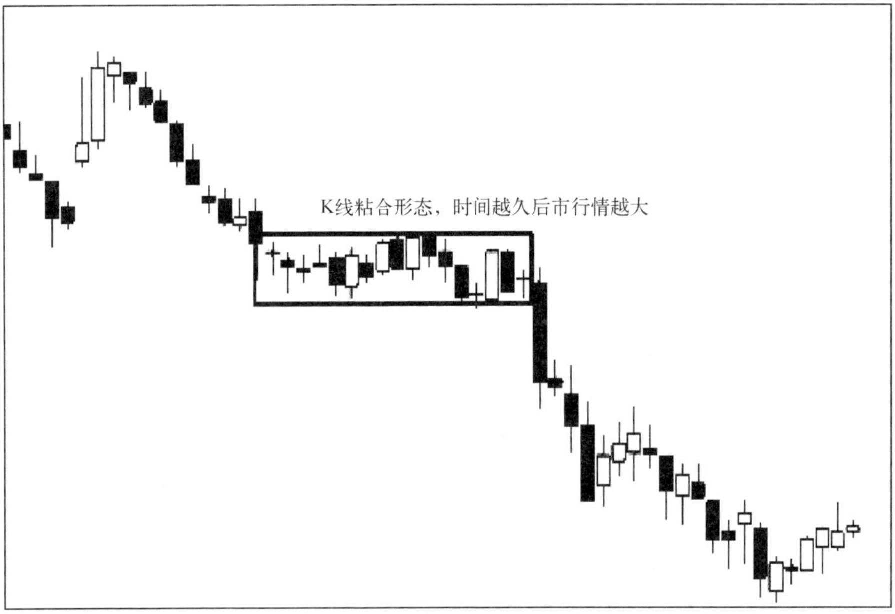

图 2-47

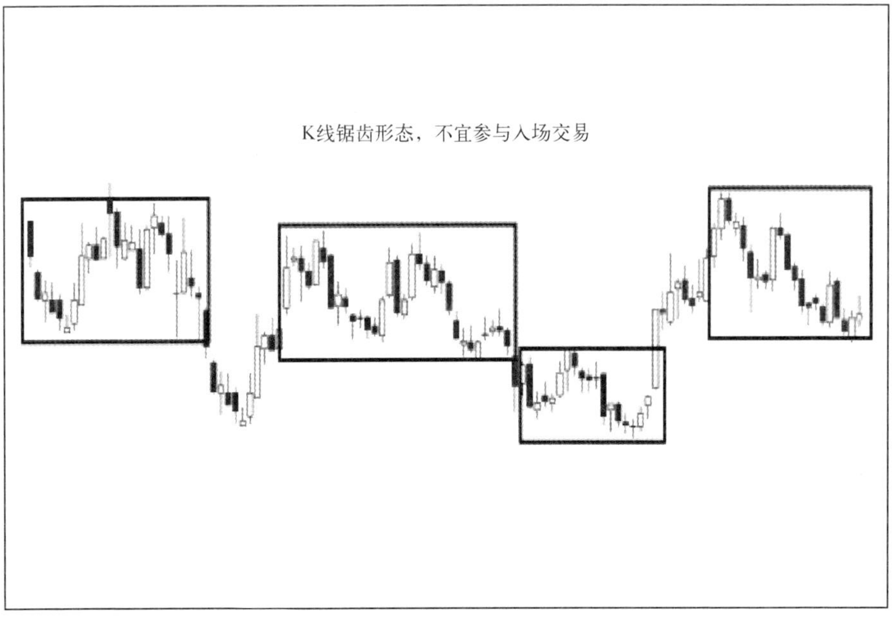

图 2-48

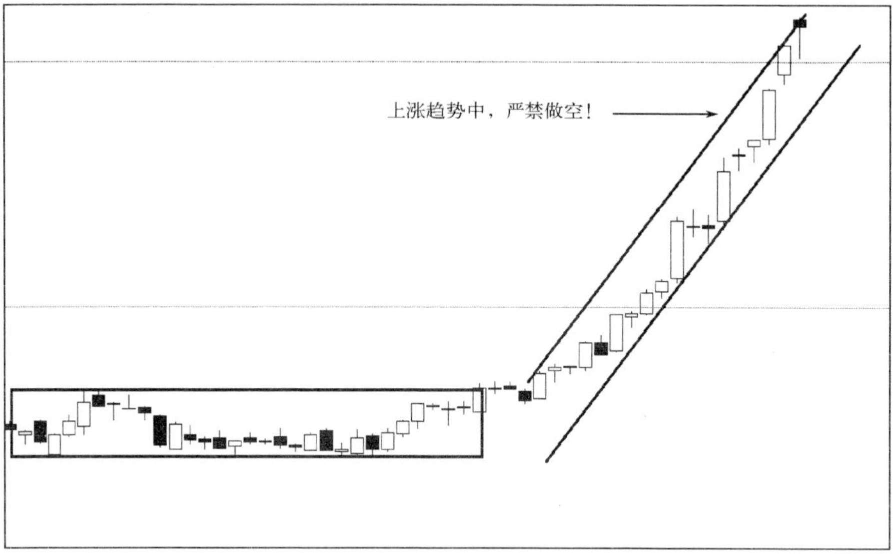

图 2-49

K 线趋势下跌形态是指价格跌破黏合形态或者锯齿形态的箱体震荡下沿口形成的下跌趋势，行情处于下跌趋势中只可以做空严禁做多，如图 2-50 所示。

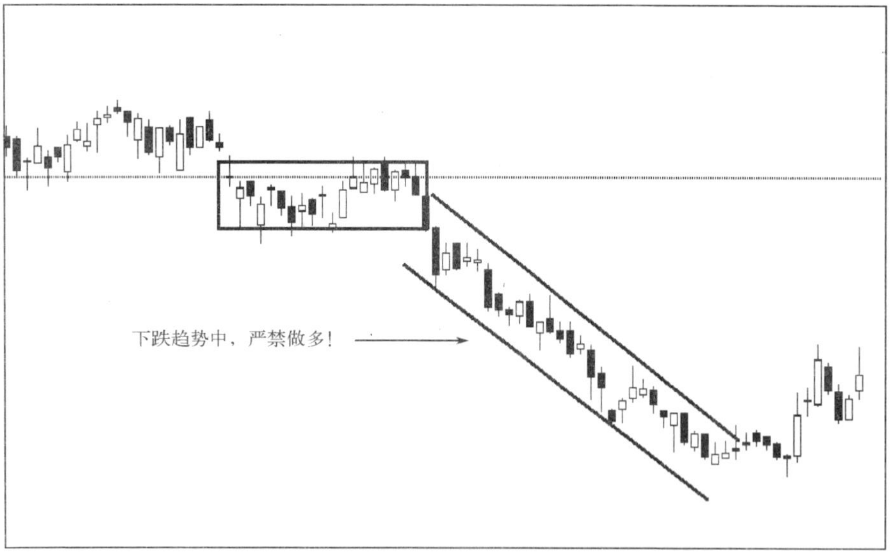

图 2-50

2.3 K 线形态组合看盘技巧

K 线组合形态谚语：大涨之后是大跌，大跌之后是大涨，大涨大跌之后是窄幅震荡，大跌大涨之后是宽幅震荡，锯齿震荡之后是 K 线黏合形态，K 线黏合形态之后再次进入大涨或大跌的趋势行情。

大涨之后是大跌。如图 2-51 所示，焦炭指数 2017 年 6 月至 9 月大幅度上涨后，价格在顶部整理的时间很短，随后就出现了大跌的行情。

图 2-51

大跌之后是大涨。如图 2-52 所示，郑棉指数 2015 年 8 月份开始，一直跌到 2016 年 3 月份，随后在下方底部小幅整理之后，价格迅速上涨，很短的时间内上涨空间已经超过了大跌的幅度。

大涨大跌之后是窄幅震荡。如图 2-53 所示，橡胶期货指数 2016

年 4 月一波上涨，5 月一波下跌，之后出现窄幅震荡，所谓窄幅震荡意思就是 K 线组合震荡形态的高点和低点间的幅度比较窄。

图 2-52

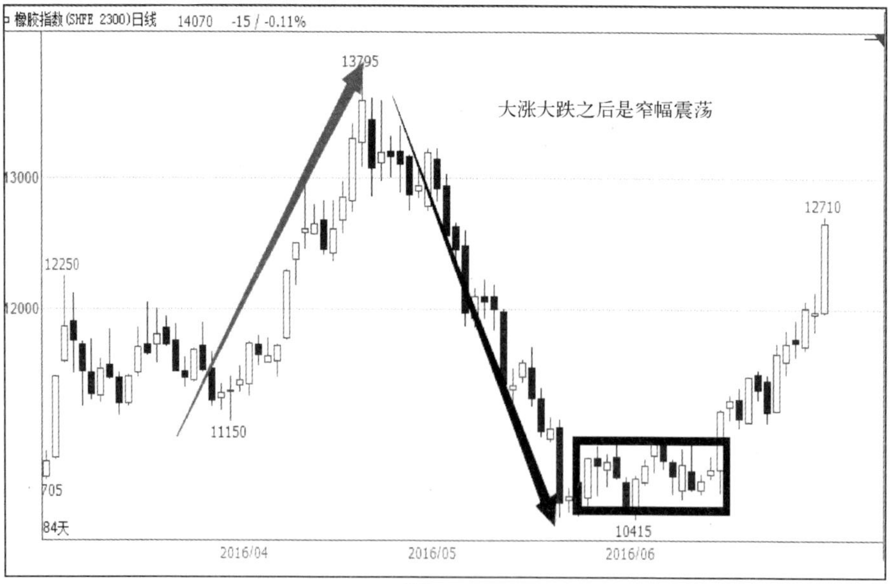

图 2-53

大跌大涨之后是宽幅震荡。如图 2-54 所示，郑醇指数 2015 年 4 月至 6 月份，在经历过大跌和大涨之后，价格在一个区间中宽幅震荡，所谓宽幅震荡意思就是 K 线组合震荡形态的高点和低点间的幅度比较宽。

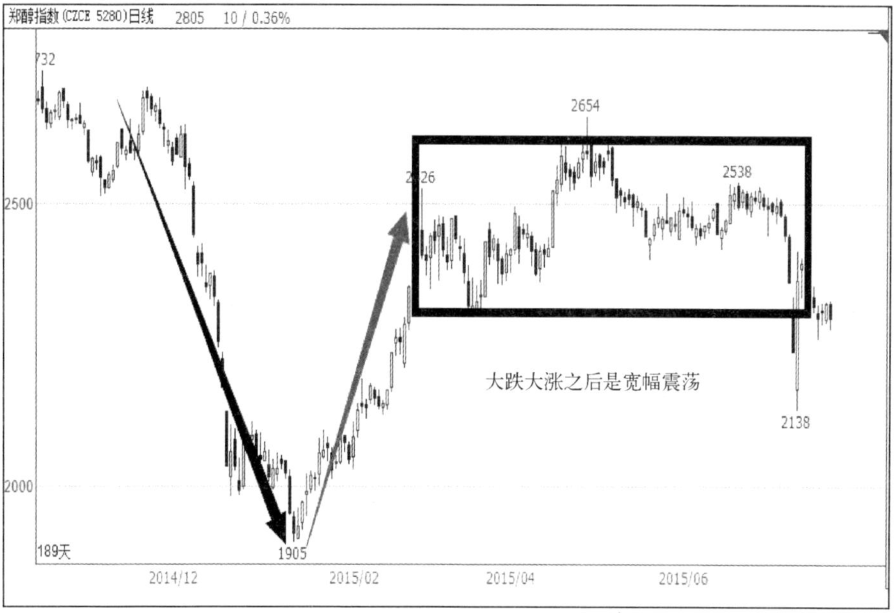

图 2-54

锯齿震荡之后是 K 线黏合形态。如图 2-55 所示，一般行情出现大幅度的震荡之后，随着时间的推移会不断缩小震荡空间，由锯齿形态向 K 线黏合形态转变，黏合结束后再次产生趋势性强烈的大行情。

K 线黏合形态之后再次进入人涨或人跌的趋势行情。如图 2-56 所示，橡胶指数合约经过 2016 年 10 份的 K 线黏合形态的整理后，突破区间的上沿口继续延续上涨趋势，形成一波流畅的上涨行情。

K 线黏合形态之后再次进入大涨或大跌的趋势行情。不止是日线级别，其他时间周期同样可以使用，如图 2-57 所示，白糖指数合约 1 小时周期图形经过 K 线黏合整理后，价格突破下方的 K 线黏合形态下沿口，形成了流畅的下跌行情。

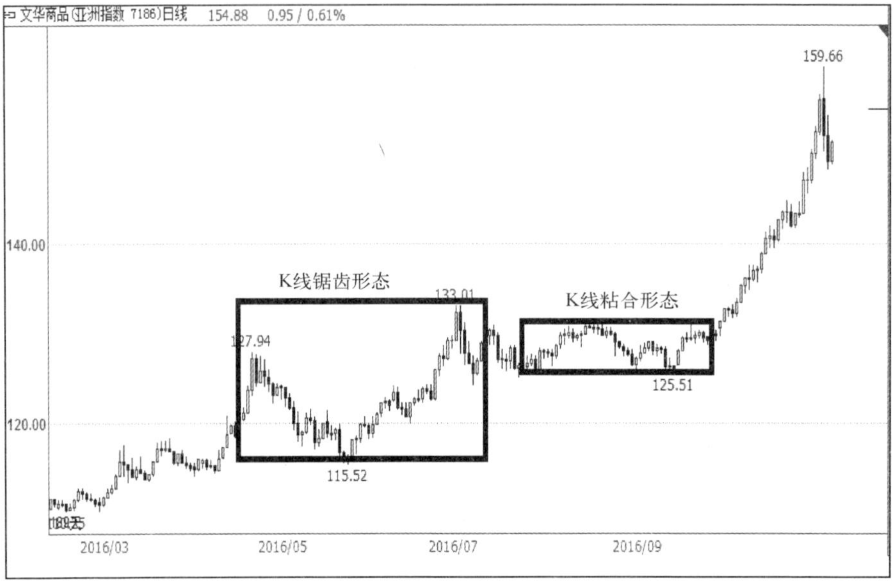
文华商品(亚洲指数 7186)日线 154.88 0.95 / 0.61%
159.66
140.00
K线锯齿形态
133.01
K线粘合形态
127.94
125.51
120.00
115.52
2016/03
2016/05
2016/07
2016/09

图 2-55

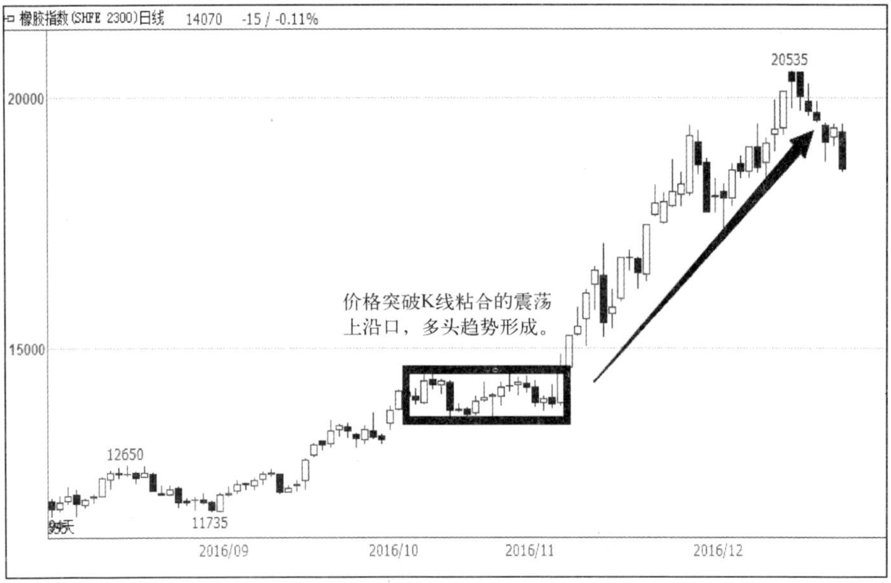
橡胶指数(SHFE 2300)日线 14070 -15 / -0.11%
20535
20000
价格突破K线粘合的震荡上沿口，多头趋势形成。
15000
12650
11735
2016/09
2016/10
2016/11
2016/12

图 2-56

图 2-57

2.4 K 线理论的误区

任何技术理论都是一个概率问题，没有绝对的正确。在实际操作中，K 线理论的成功率并不是很高，其致命弱点是逆趋势。K 线理论的意义在于判别顶部或底部，所以本质上类似抄底摸顶。而这种理念是违背趋势理念的，这是导致它经常失效的根本原因。所以我们使用 K 线时，趋势第一，K 线是要服务于趋势，除非出现了很强烈的反转 K 线信号，否则都要按原趋势去判断。

同时 K 线要和其他理论结合使用，多理论共振，才会提高交易有效性。

对于大趋势而言，K 线是有效的止盈或减仓信号，而不能构成逆趋势的入仓信号。

对于顺趋势而言，K 线可以构成开仓信号，例如在上涨趋势中，出现调整，调整结束后出现再次上涨K线，可以考虑做多，此时能大幅提高反转K线的成功率。

在震荡行情中，K线理论可以很好地作为止盈信号，也可以作为反手入仓信号，前提是上涨或下跌的趋势没有出来，市场还处于震荡中。

趋势做单关键点在于：

(1)识别当下市场是震荡行情还是趋势行情。

(2)震荡行情需要休息观望不做或者降周期做。

(3)趋势行情多头市场只做多不做空，空头市场只做空不做多。

2.5 K线系统——类海龟交易法则

此系统虽然简单，但是更适合普通投资者运用。没有能力深入分析行情的交易者，此系统是个不错的选择，系统中交易信号简单明了，只需选择趋势性品种坚持使用，时间则会证明一切!

在介绍此系统之前，先说一下关于切换合约的问题，一般交易者只会关注该品种的主力合约或次主力合约，当自己的趋势系统遇到趋势行情时，主力合约面临着换月交割，此时一般交易者会止盈出局，很可能就会错过未来的趋势行情。

此交易系统属于大周期，时间较久的趋势性交易系统，是运用在指数合约的一种系统，看指数合约交易信号，下单时做主力合约，比如当铁矿指数合约发出进场信号时，要在当下相对应的铁矿主力合约上面开仓，当铁矿主力合约换月时，只要铁矿指数合约没有发出止盈或止损信号，我们都要平掉原有的仓位重新开仓新的铁矿主力合约。

2.5.1 开仓标准

一次性开仓，中间过程没有加仓，突破20根K线的最高点做多，突破下方20根K线的最低点做空，只要价格超越20根最高或最低点一个跳动单位，就要开仓，没有主观判断，完全的机械化执行。

如图 2-58 所示，在该交易品种没有持仓的前提下，向前数 20 根 K 线，找到 20 根 K 线的最高点和 20 根 K 线的最低点，然后设置开仓的条件单，大于 20 根 K 线高点买入开仓，小于 20 根 K 线低点卖出开仓。

图 2-58

在期货交易软件中，一般都会有条件单的设置，很多软件都提供云端的服务，即使关掉电脑、手机，设置的开仓、平仓条件都能够执行进去，方便了平时没有时间盯盘的交易者。

当然标准是死的，技术是活的，投资者可以根据不同品种的特性去变通开仓条件，有些品种可以用 15 根 K 线的高点和低点，也可以用 25 根 K 线的高点和低点，但原则是不能胡乱变通的，要根据品种的价格特性，同时自己要去复盘研究。

2.5.2 止损标准

止损标准根据投资者个人对风险的承受能力的不同而有着不同的标准，首先该系统要求我们在准备交易一个品种的时候，在还未开仓时就要先行计算出合约止损大小，找出具体的止损点位，止损过大或者找不到止损位则放弃此次交易。

止损点位的找寻，首先要求我们先计算好目前的 20 根 K 线最高点到最低点之间的差，这个差我们称为 N，根据自己的性格等自身特点决定止损为 N 的倍数，比如止损大小就设置为 N。

如果是开多单，止损为 N，那么止损设置在 20 根 K 线的最底部。

如果是开空单，止损为 N，那么止损设置在 20 根 K 线的最顶部。

根据投资者风险喜好不同，以及品种特性包括 K 线组合形态的不同，可以把止损设置为 1/2 N 、1/3 N、1/4 N 等。

以 1/3 N 止损为例，如图 2-59 所示，矩形内是当下的 20 根 K 线，将 20 根 K 线的高点和低点的差 N 计算出来后，分别再计算出 20 根 K 线高点低点之间的 1/3 处和 2/3 处，假如后市价格突破了 20 根 K 线的最高价买入开仓之后，1/3 N 的止损，就是放在 1/3 N 处所对应的价格作为止损价格；假如后市价格跌破 20 根 K 线的最低价卖出开仓之后，用 1/3 N 做止损，则将止损放到 2/3 N 所对应的价格处。

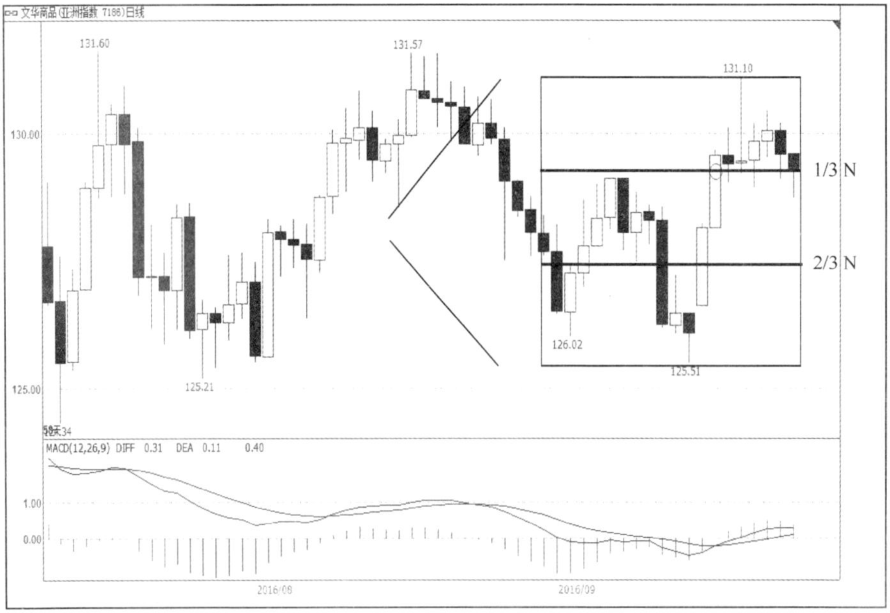

图 2-59

如图 2-59，突破 20 根 K 线最高点做多，止损放在 1/3N 处；跌破 20 根 K 线最低点做空，止损放在 2/3N 处。

2.5.3 仓位标准

仓位的管理方法多种多样，我们可以选择阶段性固定手数法、固定资金比例法等很多方式，找一种适合自己的方式，有计划地去安排仓位大小，切不可盲目决定开仓手数。

比如阶段性固定手数法，是根据自己的账户资金多少，结合具体的品种波动大小，以一定时间为周期或者以账户资金盈亏比例大小阶段性地给具体品种定一个具体开仓手数。我们把每一次的开仓手数固定下来。

固定资金比例法，是指每次单品种开仓的保证金占总资金的固定比例，随着账户盈利的增加，单品种开仓保证金占总资金比例固定不变，但是开仓的手数随着账户资金的增长也会越来越多。

2.5.4 止盈标准

在单子没有止损的情况下，我们还要有止盈标准，止盈也是根据裸 K 来止盈，可以不用参考其他的指标，在手中持有多单的情况下，当价格跌破 10 根 K 线的最低点，则止盈出局；在手中持有空单的情况下，当价格突破 10 根 K 线的最高点，则止盈出局。止盈的点位随着行情的运行是不断移动的，当行情朝着一个方向不断运行，10 根 K 线的最高点或最低点也是不断变化的。

如图 2-60 所示，多单买入之后一直持有，每日收盘后，根据最新的 10 根 K 线不断调整止盈价格，直到止盈平仓结束。但是在实际操作当中，我们会遇到一个不得不忽视的情况，就是期货合约会出现到期换月的问题，例如下面的多单，这个情况一般的操作方式是，卖出平仓账户持有的多单，同时买入开仓同等仓位当下的主力合约，止盈标准不变，还是跟随 10 根 K 线的最低点平仓，空单则与多单相反操作。

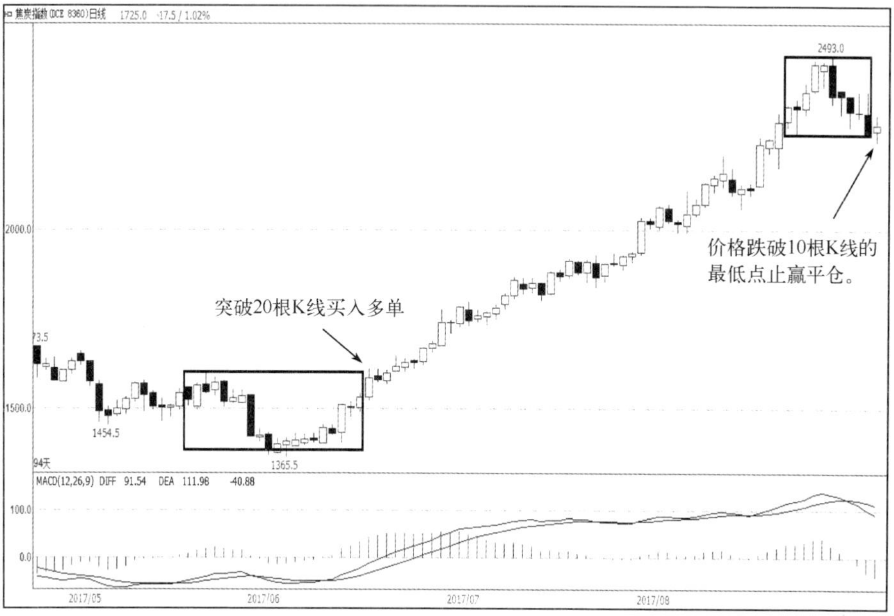

图 2-60

2.5.5 完整的交易举例

完整步骤如下：

开仓标准：突破 20 根日 K 线高点做多；跌破 20 根日 K 线低点做空。

止损标准：1/3N。

仓位标准：总资金的 5%。

止盈标准：跌破 10 根日 K 线低点平多；突破 10 根日 K 线高点平空。

休息标准：不活跃品种和趋势性不强的品种。

例 1：

以 2016 年 2 月至 5 月份的焦炭指数合约来举例（图 2-61），2016 年 2 月份，焦炭合约一手保证金约 2 万元（每一个期货公司的保证金标准不同，这里只是举例说明），假如我们以 100 万元的资金账户，买入 5%总资金仓位的多单，可以买入约两手，至 2016 年 5 月 6 日平仓多单，一手盈利 34300 元，所以两手共盈利 68600 元(为了方便计算，此处只用指数合约举例)。

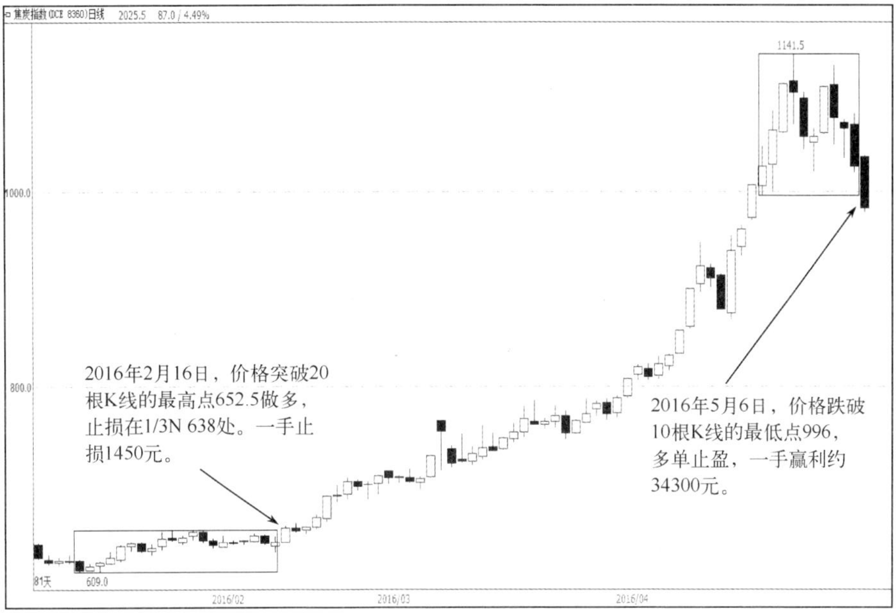

图 2-61

一个完整的交易操作为：

开仓标准：2016 年 2 月 16 日，价格突破 20 根 K 线高点，发出买入信号买入开仓。

止损标准：20 根 K 线高点和低点的 1/3N 处，价格小于 638 止损。

仓位标准：总资金 10%仓位，开仓 5 手。

止盈标准：2016 年 5 月 6 日，价格跌破 10 根 K 线低点，发出平仓止盈信号，止盈平仓。

例 2：

以 2016 年 9 月至 12 月份的橡胶指数合约来举例(图 2-62)，2016 年 9 月份，橡胶合约一手保证金为 14000 元左右(每一个期货公司的保证金标准不同)，假如我们以 100 万元的资金账户，买入 5%仓位的多单，可以买入约 3 手，至 2016 年 12 月 26 日平仓多单，一手盈利 57650 元，所以 3 手共盈利 172950 元(为了方便计算，此处只用指数合约举例，实际情况相差不多)。

图 2-62

一个完整的交易操作为：

开仓标准：2016 年 9 月 19 日，价格突破 20 根 K 线高点 12620，买入开仓。

止损标准：20 根 K 线高点和低点的 1/3N 处，价格小于 12325 止损。

仓位标准：总资金 5%仓位，开仓 3 手。

止盈标准：2016 年 12 月 26 日，价格跌破 10 根 K 线低点 18385，止盈平仓。

如果此单发生亏损，则一手止损 1/3N = 2950 元，3 手止损共 8850 元。盈亏比约为 19.5：1。

例 3：

以 2017 年 3 月份的沪锌指数合约来举例(图 2-63)，2017 年 3 月份，沪锌合约一手保证金约 14000 元，假如我们以 100 万元的资金账户，买入5%仓位的空单，可以卖出约3手，至2017年3月16日平仓空单，一手亏损3300元，所以3手共亏损9900元(为了方便计算，此处只用指数合约举例)。

一个完整的交易操作为：

开仓标准：2017年3月6日，价格跌破20根K线低点22365，卖出开仓。

止损标准：20根K线高点和低点的1/3N处，价格大于23025止损。

仓位标准：总资金5%仓位，开仓3手。

止盈标准：没有达到止盈标准，2017年3月16日，止损平仓。

图2-63

例4：

以2016年8月份至10月份的沪镍指数合约来举例(图2-64)，2016年8月份，沪镍合约一手保证金约10000元，假如我们以100万元的资金账户，买入5%仓位的多单，可以买入约5手，至2016年10

月 20 日平仓多单，一手亏损 1180 元，所以 3 手共亏损 3540 元(为了方便计算，此处只用指数合约举例)。

一个完整的交易操作为：

开仓标准：2016 年 9 月 22 日，价格突破 20 根 K 线高点 81450，买入开仓。

止损标准：20 根 K 线高点和低点的 1/3N 处，价格小于 80100 止损。

仓位标准：总资金 5%仓位，开仓 5 手。

止盈标准：2016 年 10 月 20 日，在没有盈利的情况下，依然符合止盈标准，跌破 10 根 K 线最低点平仓。

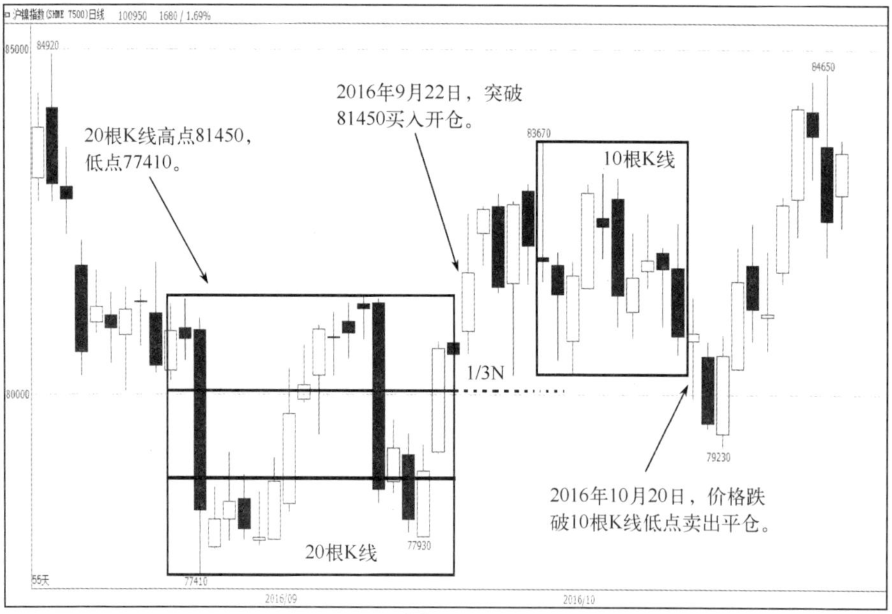

图 2-64

2.5.6 休息标准

如图 2-65 所示，玉米在一个时间段内连续震荡，此时坚持交易系统会出现连续性的止损，所以选择品种是很重要的，特别是农产品周期性比较强，进入震荡期的时间比较久，有行情的时候总是阶段性的且趋势发生的时间比震荡的时候要少的很多，所以即使来了大行情，也很难弥补震荡时的反复止损金额，所以要懂得如何选择适合该系统策略的品种。

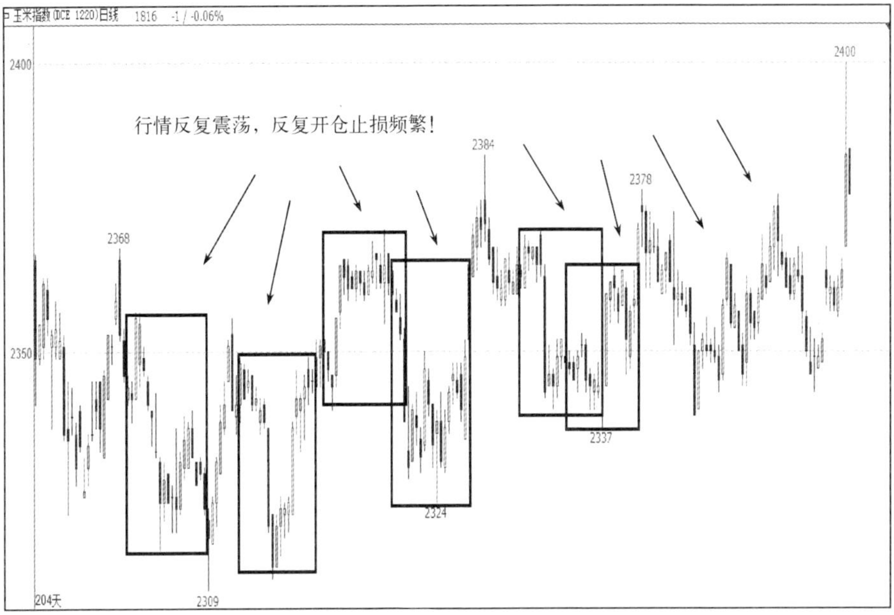

图 2-65

第3章

技术系统分析——均线语言系统

做期货要求我们:

盈利时不要欣喜若狂手舞足蹈，做到“杀人”不眨眼。

亏损时不要目瞪口呆捶胸顿足，做到被杀眼不眨。

始终让自己的情绪如一汪深潭之水，虽偶有涟漪，但会迅速恢复平静。

——杨清

3.1 移动平均线概述

3.1.1 均线简介

移动平均线是用统计处理的方式，将若干天的K线收盘价格加以平均，然后连接成一条线，用以显示和观察价格的波动和趋势。

均线理论是当今应用最普遍的技术指标之一，它帮助交易者识别现有趋势、判断将要出现的趋势、发现过度延生即将反转的趋势。

移动平均线的理论基础是道·琼斯的“平均成本”概念。通常取其某一期间平均成本的移动曲线配合每日收盘价的变化分析某一期间多空的优劣形势，以研判价格的走势。

移动平均线的计算公式为：

$$MA = (C1 + C2 + C3 + \cdots + Cn)/N$$

其中，Cn表示第n期的收盘价，N为统计周期。

移动平均线指标是由若干条不同周期的移动平均线组成，在期货软件中，比如赢顺云交易WH6软件，如图3-1所示，MA指标是由

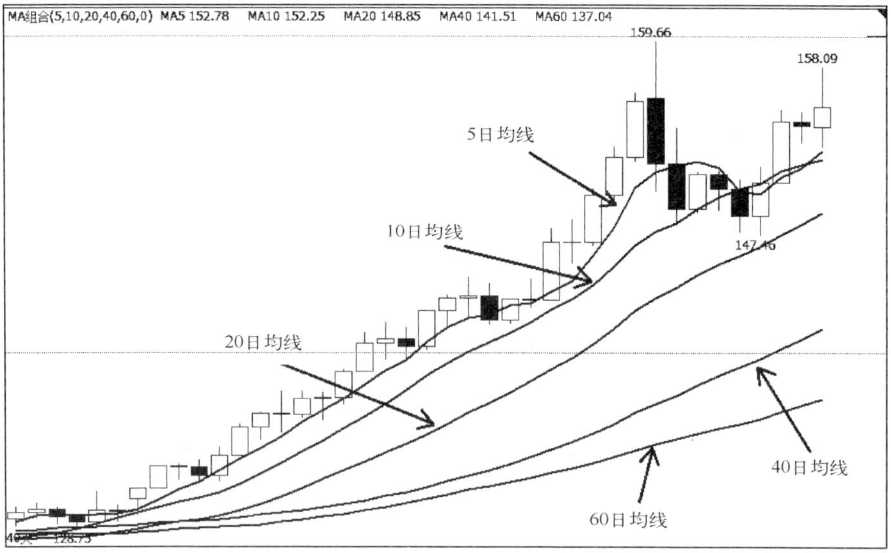

图3-1

5根移动平均线组成，它们分别为：5日均线、10日均线、20日均线、40日均线和60日均线。

投资者可以自行调节指标参数，如图3-2所示，根据自己的需要更改指标参数，可以使用一条移动平均线，也可以同时使用多条移动平均线。

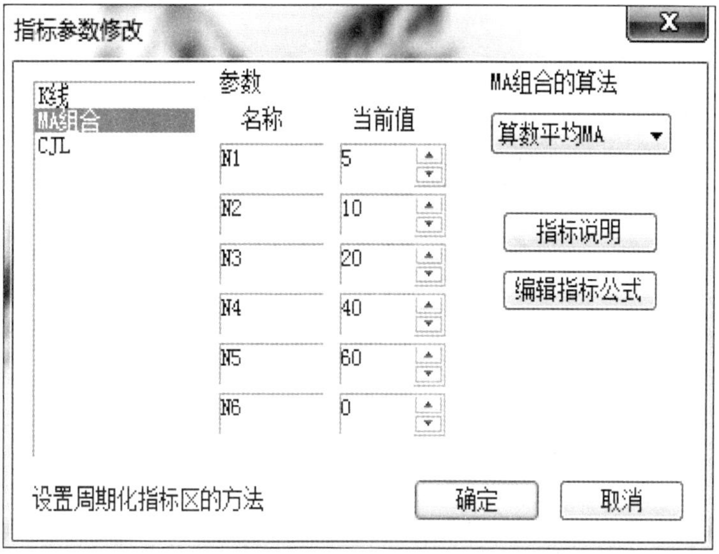

图3-2

3.1.2 MA指标周期

根据统计周期不同，移动平均线可以分为短期移动平均线、中期移动平均线和长期移动平均线等。短期移动平均线代表市场短期趋势，中期移动平均线代表中期趋势，长期移动平均线则代表长期趋势。

短期均线一般反映1个月内的市场平均价格波动趋势，如图3-3所示，5日均线、10日均线、20日均线等。

中期移动平均线反映1个月以上、半年以下的市场价格波动趋势。如图3-4所示，30日均线、40日均线、60日均线等。其中60日均线又称为“季线”。中期均线与短期均线相比，波动幅度平滑，敏感度较短期均线低，较长期均线敏感度高。

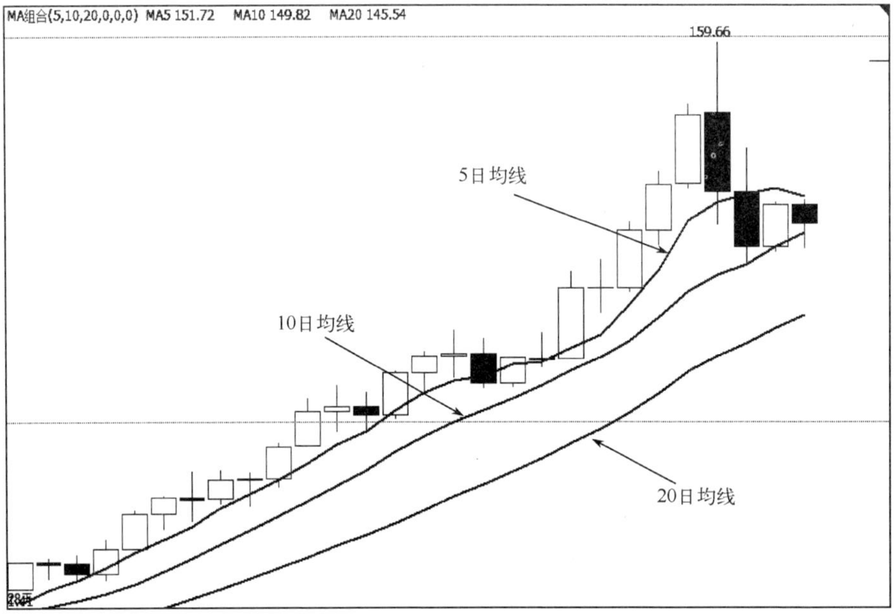
MA组合(5,10,20,0,0,0) MA5 151.72 MA10 149.82 MA20 145.54
159.66
5日均线
10日均线
20日均线

图 3-3

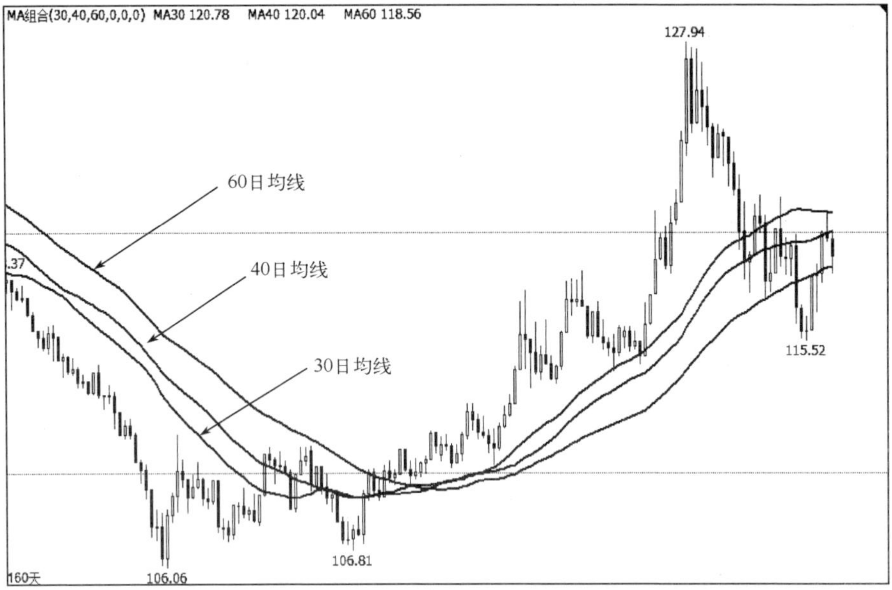
MA组合(30,40,60,0,0,0) MA30 120.78 MA40 120.04 MA60 118.56
127.94
60日均线
40日均线
30日均线
115.52
106.81
160天
106.06

图 3-4

长期均线反映半年以上的市场价格波动趋势。常用的有 120 日均线、240 日均线。其中 120 日均线代表半年的市场价格波动趋势，所以也称为“半年线”；240 日均线代表 1 年的市场价格波动趋势，被称为“年线”。

如图 3-5 所示，由于长期均线选用计算期数较长，所以运行轨道相当平滑，其惯性也最大，一旦长期均线趋势已定，那么大的行情，一般大概率会沿着此方向运行相当长的一段时期。

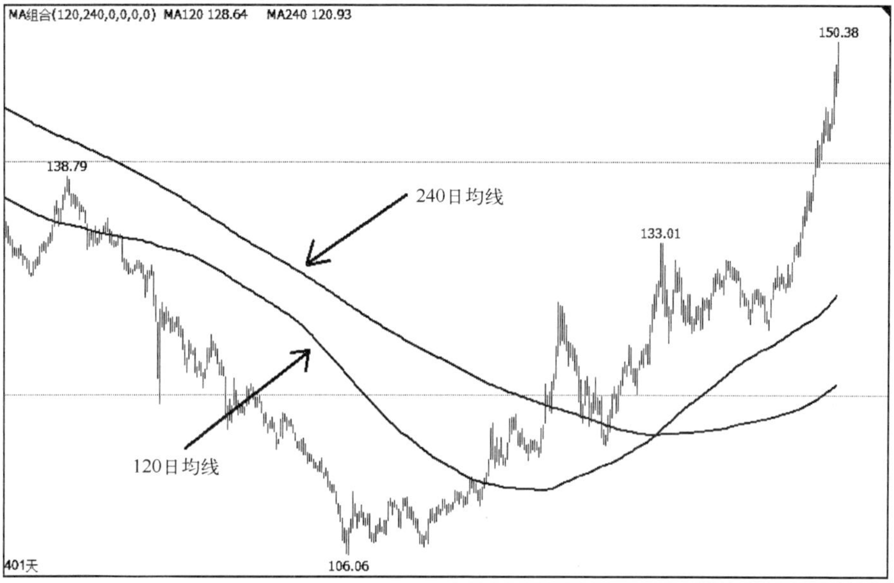

图 3-5

3.2 均线的作用

通过移动平均线 MA 指标，投资者可以清楚地看到某个时间周期的价格平均成本，移动平均线主要有以下几大作用。

3.2.1 判断价格趋势

这是移动平均线的主要功能，通过观察移动平均线，投资者可以从两个方面判断当下市场的趋势。

第一，均线的方向判断价格趋势。

如图 3-6 所示，移动平均线向上，价格在均线之上，表明趋势向上。

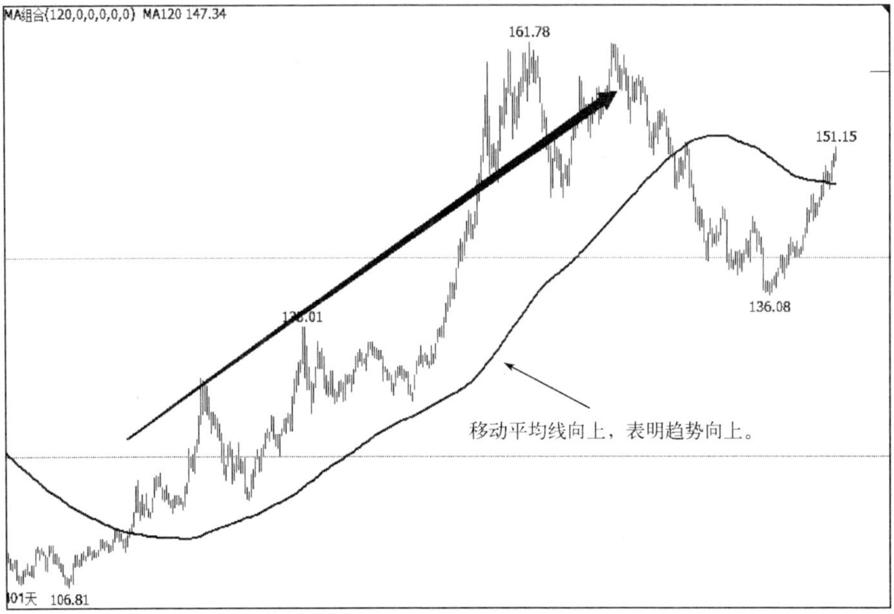

图 3-6

如图 3-7 所示，移动平均线向下，价格在均线之下，表明趋势向下。

投资者也可以通过分析短期均线、中期均线和长期均线去掌握价格的主要趋势方向和日常波动情况。我们以长期均线举例，如图 3-8 所示，螺纹指数 2013 年 8 月到 2018 年 3 月的日 K 线图，当螺纹价格在 240 日均线下方同时 240 日均线向下时，说明趋势方向向下，此时应该只找空单做，不找多单做；当螺纹的价格上升至 240 日均线上方时，同时等待 240 日均线方向由向下转变为向上时，此时的市场由空头趋势转变成了多头趋势，应该只找多单做，不找空单做。

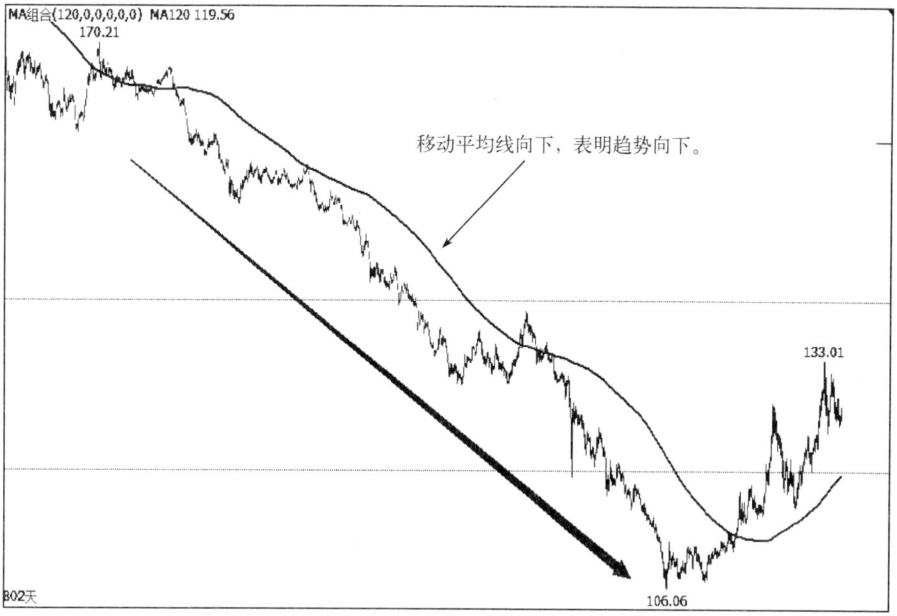
MA组合(120,0,0,0,0,0) MA120 119.56
170.21
移动平均线向下，表明趋势向下。
133.01
802天
106.06

图 3-7

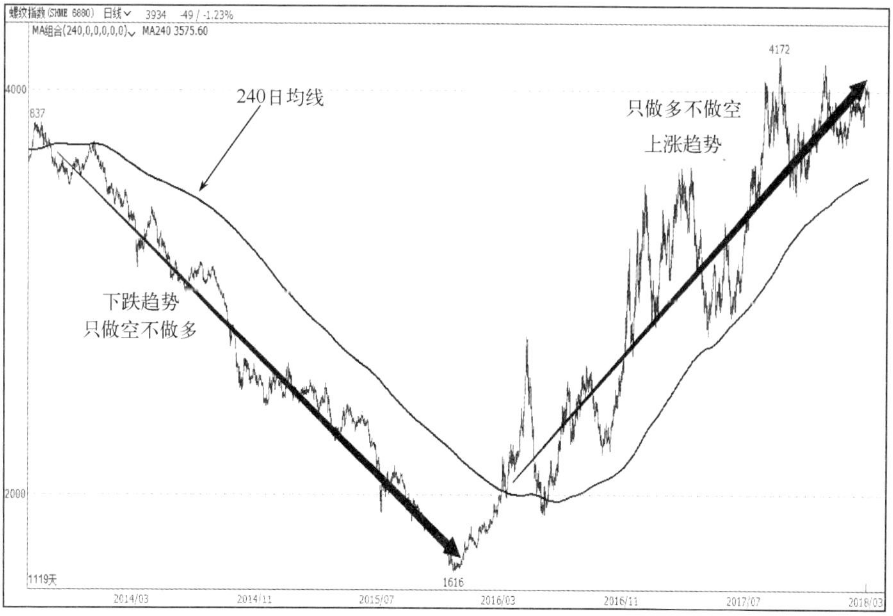
螺纹指数(SHME 6880) 日线 3934 -49 / -1.23%
MA组合(240,0,0,0,0,0) MA240 3575.60
4000
837
240日均线
4172
只做多不做空
上涨趋势
下跌趋势
只做空不做多
2000
1119天
1616
2014/03
2014/11
2015/07
2016/03
2016/11
2017/07
2018/03

图 3-8

第二，均线的排列方式判断价格趋势。

多头排列(图 3-9)，当市场价格和短期、中期及长期移动平均线自上而下排列时，称为“多头排列”，即当下价格处于多头市场；如图，多条均线按照短期均线在上，长期均线在下的方式排列。

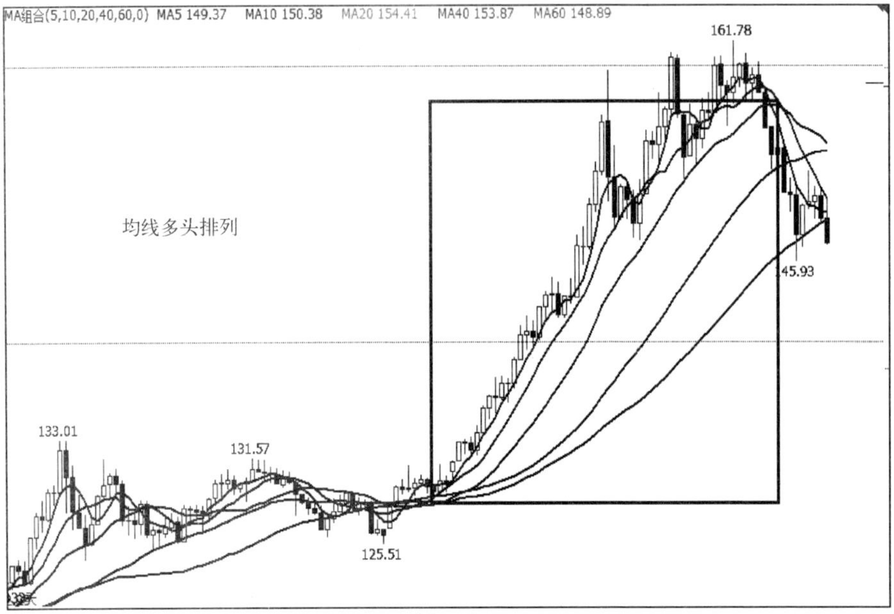

图 3-9

空头排列(图 3-10)，和多头排列相反，当市场价格和短期、中期、长期移动平均线的排列次序为“空头排列”时，即当下价格处于空头市场。如图，多条均线按照长期均线在上，短期均线在下的方式排列。

均线排列方式，可以很好地判断价格趋势方向，为我们做单提供方向参考。如图 3-11 所示，螺纹指数合约 2015 年 9 月至 2016 年 4 月的日线走势 K 线图，图中均线皆是软件默认均线，前面均线空头排列，说明市场趋势为空头趋势，所以对应的操作就应该只找空单机会，放弃多单机会；当均线组成多头排列后，说明市场趋势转变为多头市场，此时对应的操作应该只找多单做，放弃空单机会。

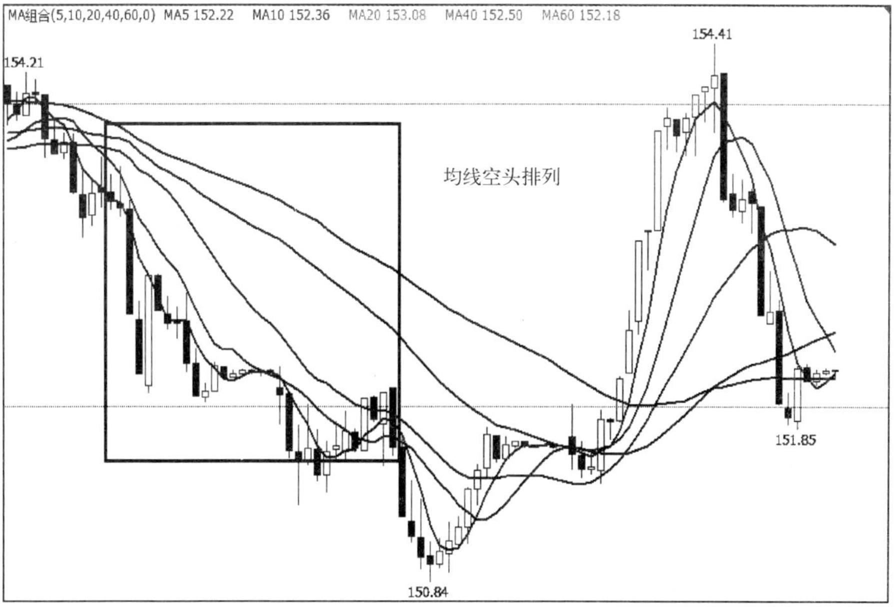
MA组合(5,10,20,40,60,0) MA5 152.22 MA10 152.36 MA20 153.08 MA40 152.50 MA60 152.18
154.41
154.21
均线空头排列
151.85
150.84

图 3-10

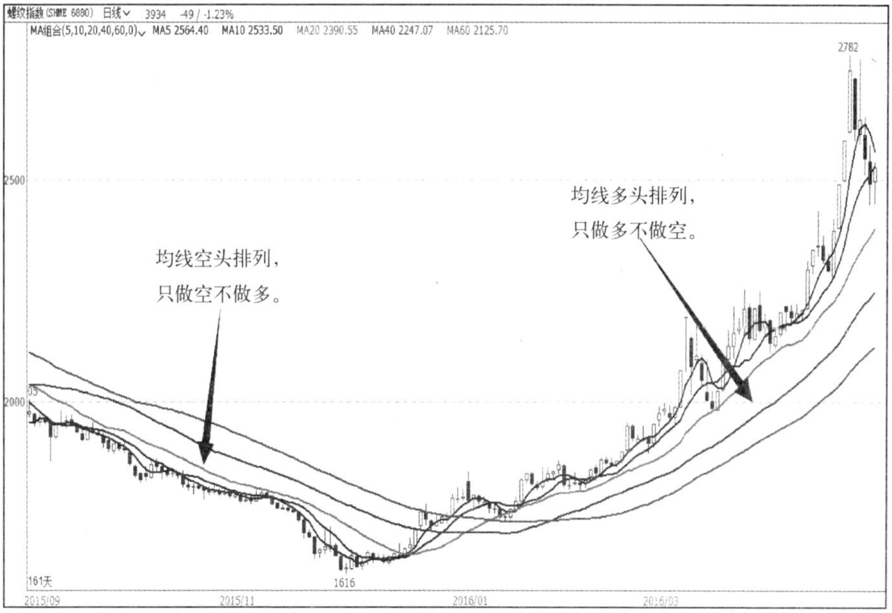
MA组合(5,10,20,40,60,0) MA5 2564.40 MA10 2533.50 MA20 2390.55 MA40 2247.07 MA60 2125.70
2782
2500
均线多头排列，
只做多不做空。
均线空头排列，
只做空不做多。
2000
1616
2015/09
2015/11
2016/01
2016/03

图 3-11

3.2.2 价格的支撑和阻力

当移动平均线处于上涨阶段时，比如 MA 指标多头排列，其对市场价格有助涨的作用，如图 3-12 所示，当市场价格从移动平均线上方回落至移动平均线附近时，移动平均线对市场价格有支撑作用，促使价格回升。因为移动平均线代表着平均成本，当市场价格在移动平均线之上时，表明持有多头的群体获利，此时的价格回落一般原因是多头持仓止赢，并非空头力量的打压，当价格回落至移动平均线附近时，往往多头会再次发力。

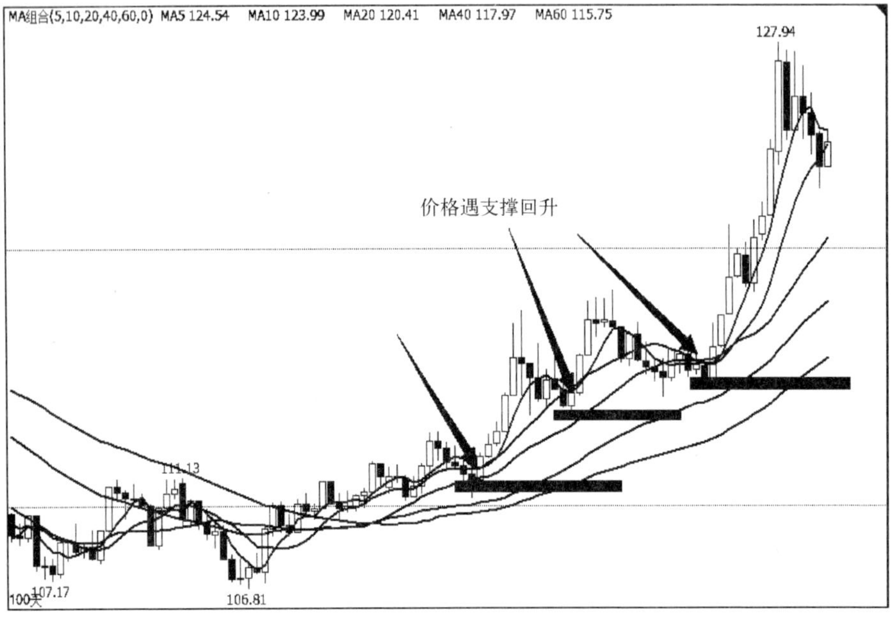

图 3-12

同样的，当移动平均线处于下降趋势时，比如 MA 指标空头排列，它对市场价格有着阻力作用，当市场价格从移动平均线下方反弹到移动平均线附近时，移动平均线会对市场价格形成阻力作用，迫使市场价格回落，如图 3-13 所示。

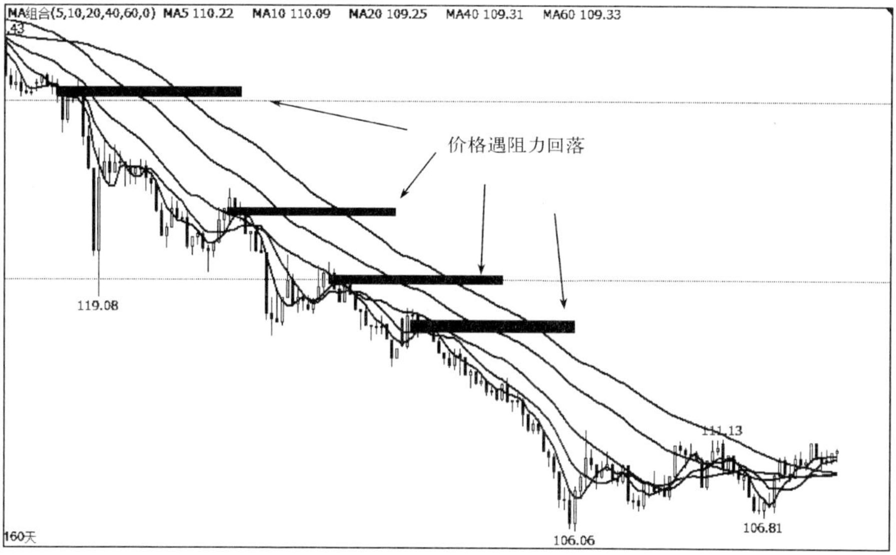

图 3-13

3.2.3 市场价值回归作用

当市场价格上涨远离移动平均线，或中长期移动平均线向上移动、短期移动平均线向下移动时，说明上涨趋势并未改变，由于多头持赢状态的人获利平仓打压，市场价格将会出现回档，如图 3-14 所示。

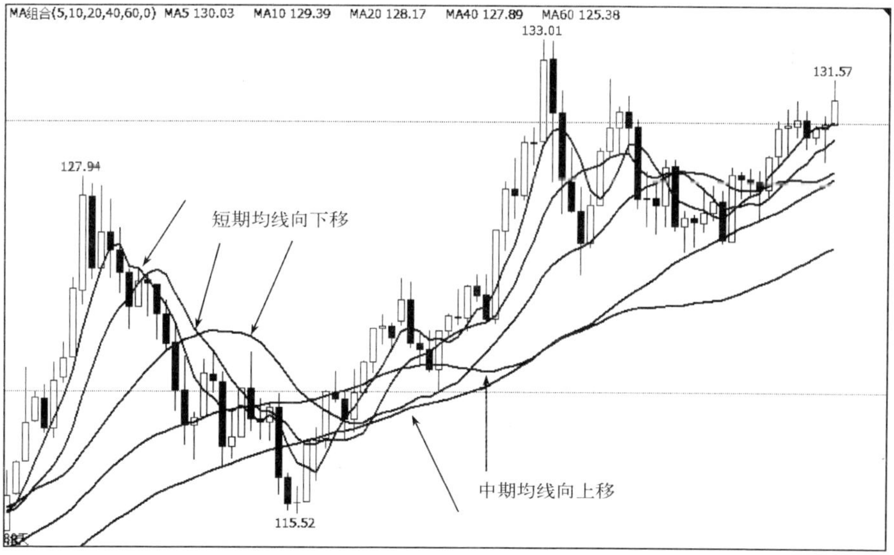

图 3-14

当市场价格下跌远离移动平均线，或中长期移动平均线向下移动、短期移动平均线向上移动时，说明下跌趋势没有改变，价格将会出现反弹，如图 3-15 所示。

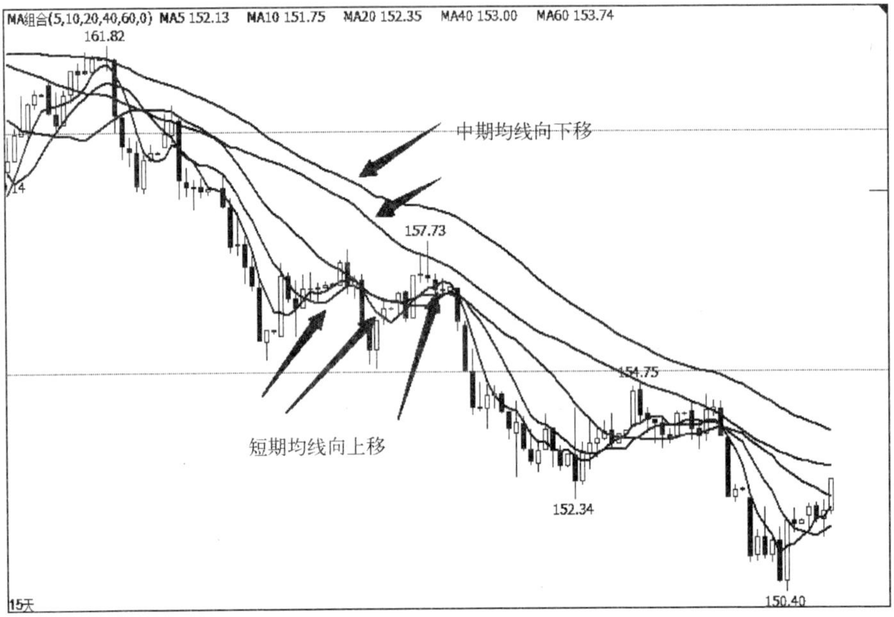

图 3-15

3.3 均线的交叉

3.3.1 均线的金叉

金叉一般是指，一根短期均线由下向上穿越一根中长期均线形成的交叉。它的出现通常是较好的买入信号，后市大概率看涨。

金叉形态的技术特征如下(图 3-16)。

(1)周期较短的均线由下而上穿越周期较长的均线；

(2)可以出现在任何趋势中。

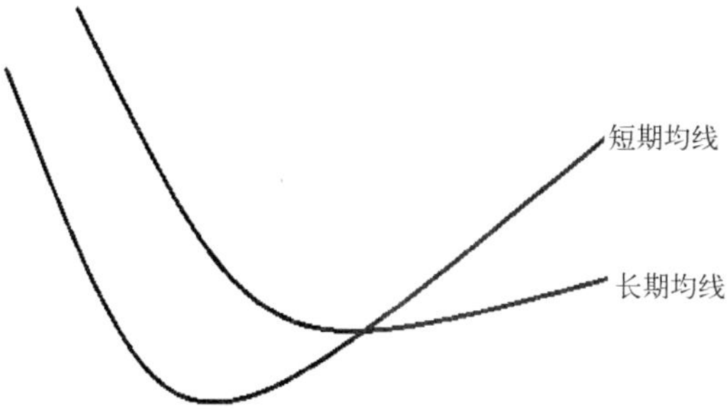

图 3-16

如图 3-17 我们可以看到，金叉之前的行情，短期均线由向下慢慢拐头向上，已经从下跌趋势转换为上升趋势，随着时间的延长，短期均线向上突破长期均线，最终形成金叉形态，上涨趋势确认。

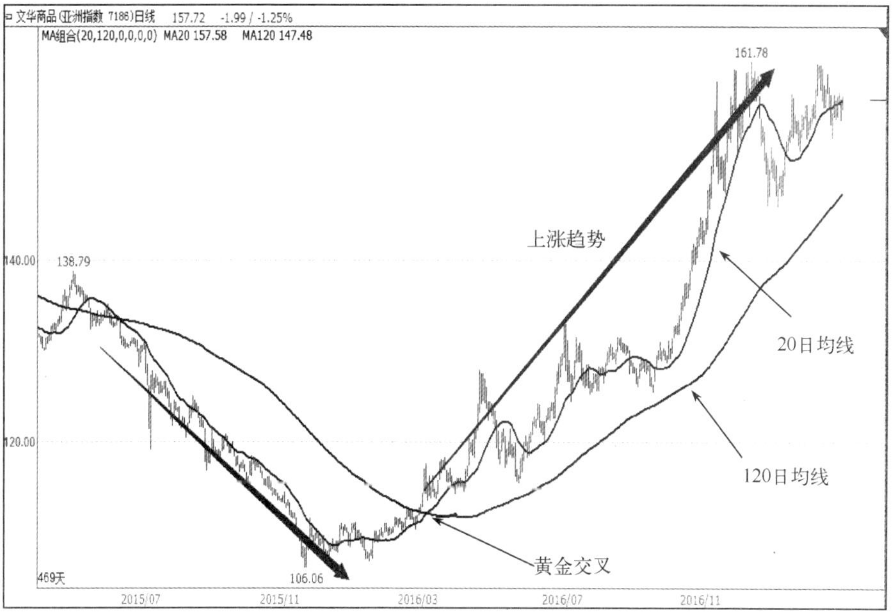

图 3-17

3.3.2 均线金叉的应用

根据时间周期的不同，金叉分为短期均线和短期均线、中期均线、长期均线之间的金叉，中期均线和中期均线、长期均线之间的金叉，长期均线和长期均线之间的金叉。

均线周期金叉的运用要根据每个品种的特性来选择组合，通常来讲，短期均线的金叉发出的信号比较及时，但是稳定性、可靠性比较差，虚假信号太大，信号的有效性很弱。中长期均线的金叉发出的信号比较滞后，金叉之后，价格已经涨的很高了，但是稳定性可靠，虚假信号要比短期均线的少。

金叉在不同的位置起到的作用也不一样。

(1)在上涨趋势中，均线金叉预示着后市价格将会上涨，是一个很好的做多进场点，如图 3-18 所示。尤其是当中长期均线形成多头排列时，中短期均线所形成的金叉。

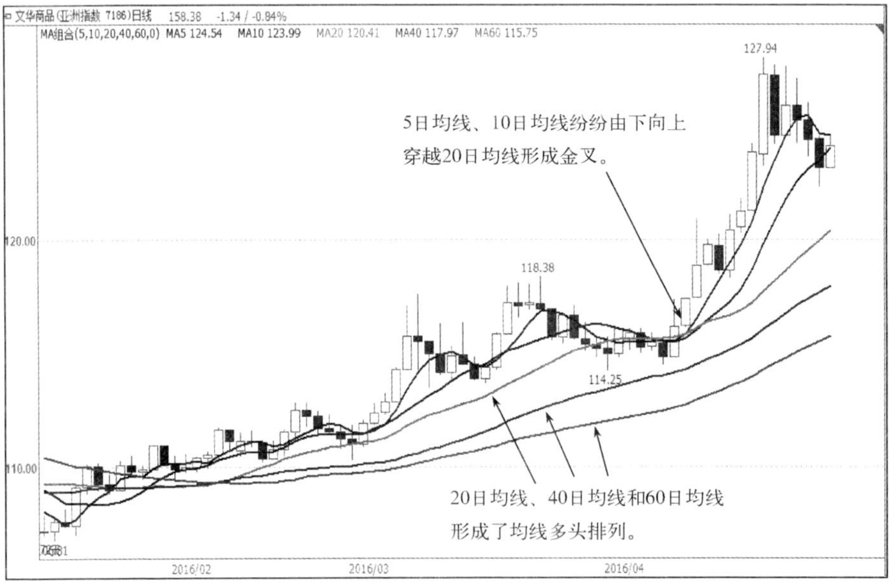

图 3-18

(2)在下跌趋势中，短期均线的黄金交叉大多数代表着市场价格短暂的反弹，交易者买入多单需要小心谨慎，如图 3-19 所示。尤其是在中长期均线空头排列时，中短期均线形成的金叉不宜进场做多。

(3)震荡整理时，各周期均线黏合，短期均线金叉过于频繁，大部分的信号都是虚假信号，如图 3-20 所示。

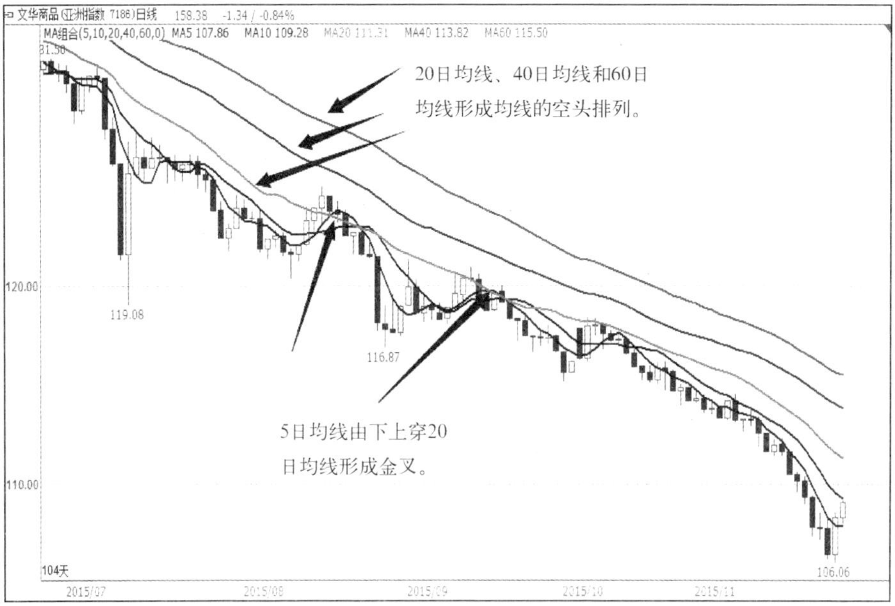
文华商品(亚洲指数 7188)日线 158.38 -1.34 / -0.84%
MA组合(5,10,20,40,60,0) MA5 107.86 MA10 109.28 MA20 111.31 MA40 113.82 MA60 115.50
20日均线、40日均线和60日
均线形成均线的空头排列。
5日均线由下上穿20
日均线形成金叉。
120.00
119.08
116.87
110.00
106.06
104天
2015/07
2015/08
2015/09
2015/10
2015/11

图 3-19

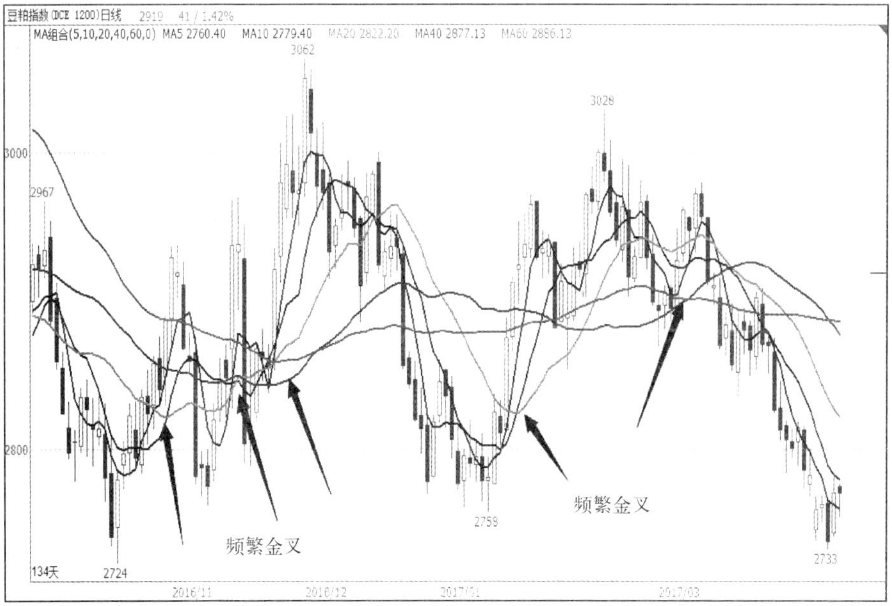
豆粕指数(DCE 1200)日线 2919 41 / 1.42%
MA组合(5,10,20,40,60,0) MA5 2760.40 MA10 2779.40 MA20 2822.20 MA40 2877.13 MA60 2886.13
3062
3028
3000
2967
2800
2759
2724
2733
频繁金叉
频繁金叉
134天
2016/11
2016/12
2017/01
2017/03

图 3-20

3.3.3 均线的死叉

死叉的定义和金叉相反，一般是指一根短期均线由上向下穿越一根中长期均线，形成的交叉。它的出现通常是较好的卖出信号，后市大概率看跌。

死叉形态的技术特征如图 3-21 所示。

(1)周期较短的均线由上而下穿越周期较长的均线；

(2)可以出现在任何趋势中。

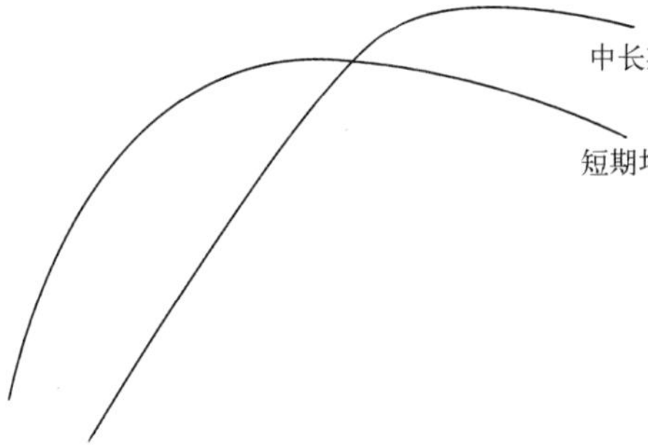

图 3-21

3.3.4 均线死叉的应用

根据时间周期的不同，死叉分为短期均线和短期均线、中期均线、长期均线之间的死叉，中期均线和中期均线、长期均线之间的死叉，长期均线和长期均线之间的死叉。

(1)在上涨趋势中，短期均线的死叉大多数代表着市场价格短暂的回调，交易者卖出空单需要小心谨慎，如图 3-22 所示，尤其是在中长期均线多头排列时，中短期均线形成的死叉不宜进场做空。

(2)在下跌趋势中，均线死叉预示着后市市场价格将会下跌，是一个很好的做空进场点。如图 3-23 所示，尤其是当中长期均线形成空头排列时，中短期均线所形成的死叉。

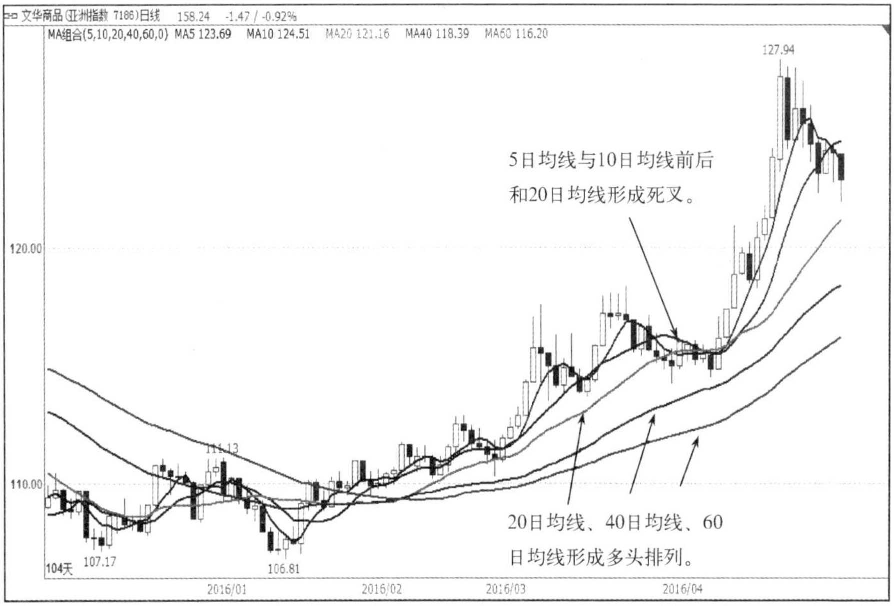
文华商品(亚洲指数 7186)日线 158.24 -1.47 / -0.92%
MA组合(5,10,20,40,60,0) MA5 123.69 MA10 124.51 MA20 121.16 MA40 118.39 MA60 116.20
127.94
5日均线与10日均线前后和20日均线形成死叉。
120.00
111.13
110.00
20日均线、40日均线、60日均线形成多头排列。
104天
107.17
106.81
2016/01
2016/02
2016/03
2016/04

图 3-22

文华商品(亚洲指数 7186)日线 158.24 -1.47 / -0.92%
MA组合(5,10,20,40,60,0) MA5 132.54 MA10 131.69 MA20 131.66 MA40 133.34 MA60 135.20
55.89
60日均线
50.00
40日均线
20日均线
40.00
5日均线、10日均线纷纷与20日均线死叉。
156天
129.96
2014/07
2014/09
2014/10
2014/12
2015/01

图 3-23

(3)震荡整理时，各周期均线黏合，短期均线死叉频繁，大部分的信号都是虚假信号，如图 3-24 所示。

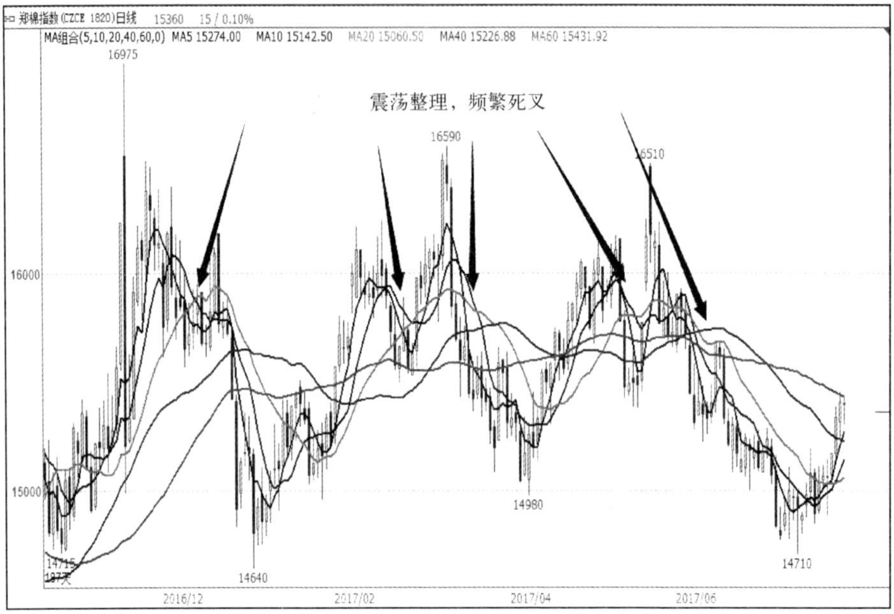

图 3-24

3.4 均线形态

3.4.1 均线的黏合

均线黏合是指市场价格经过长期的横盘整理，多条均线相互缠绕在一起。如图 3-25 所示，均线黏合可以出现在趋势运行的任何位置，是比较常见的一种均线形态。

均线黏合形态的出现，一般表明市场多空双方对后市的看法不明朗，各个周期的持仓者平均成本大致相同，价格暂时达到一种平衡，此时多空双方需要等待时间做出选择。

图 3-25

均线黏合形态的特征(图 3-26)如下：

(1)市场价格长时间在一个区域震荡，短期、中期或者长期均线互相缠绕黏合在一起；

(2)价格在一定幅度范围内，呈矩形、楔形或者三角形整理；

(3)均线黏合期间，成交量明显比未黏合之前萎缩了；

(4)可以在任何趋势行情中出现。

当出现均线黏合情况时，此时的价格方向性很差，多空双方都在观望等待，所以交易者也不必着急进场。

均线黏合整理期间，价格上下波动的幅度越小越好，成交量与均线黏合之前比较，越小越好。

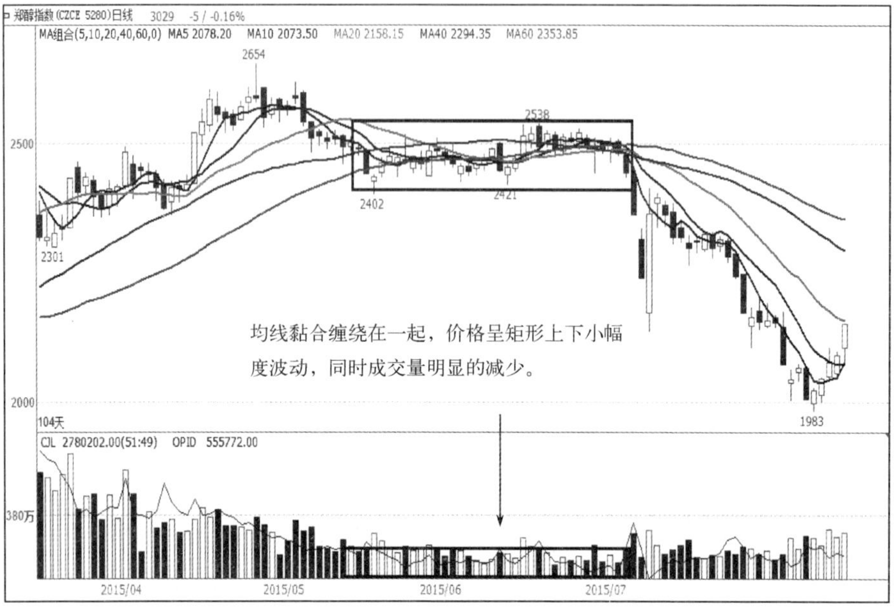

图 3-26

3.4.2 均线的发散

均线发散是指市场价格在运行过程中，各周期均线由交叉黏合开始分离，并呈同方向发散的现象。均线发散分为多头均线发散和空头均线发散，多头均线发散是指各周期均线向上发散，空头发散是指各周期均线向下发散。

如图 3-27 所示，多头发散是多头排列中价格最为强势的一段，是上涨的初始阶段；各周期均线同时向上发散，意味着市场内各周期的多头力量都看好后市，持续买入多单，所以各周期均线向上移动。因为短期均线比长期均线灵敏，上升速度快，所以各周期均线就呈现发散的状态。

空头发散是空头排列中价格最为弱势的一段，是下跌的初始阶段。如图 3-28 所示，空头发散形态同多头发散刚好相反，各周期均线同时向下发散。

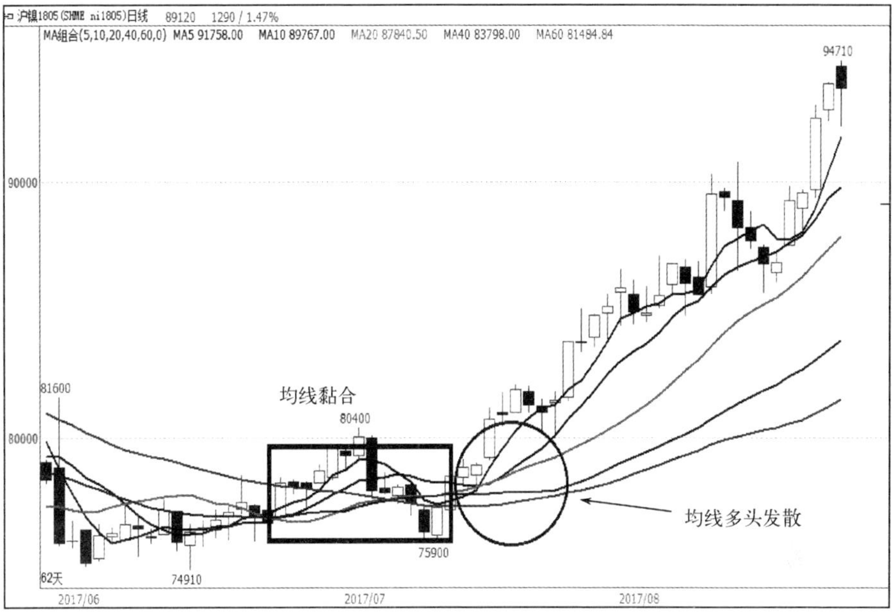
沪镍1805(SHME ni1805)日线 89120 1290 / 1.47%
MA组合(5,10,20,40,60,0) MA5 91758.00 MA10 89767.00 MA20 87840.50 MA40 83798.00 MA60 81484.84
94710
90000
81600
均线黏合
80400
80000
均线多头发散
75900
74910
62天
2017/06
2017/07
2017/08

图 3-27

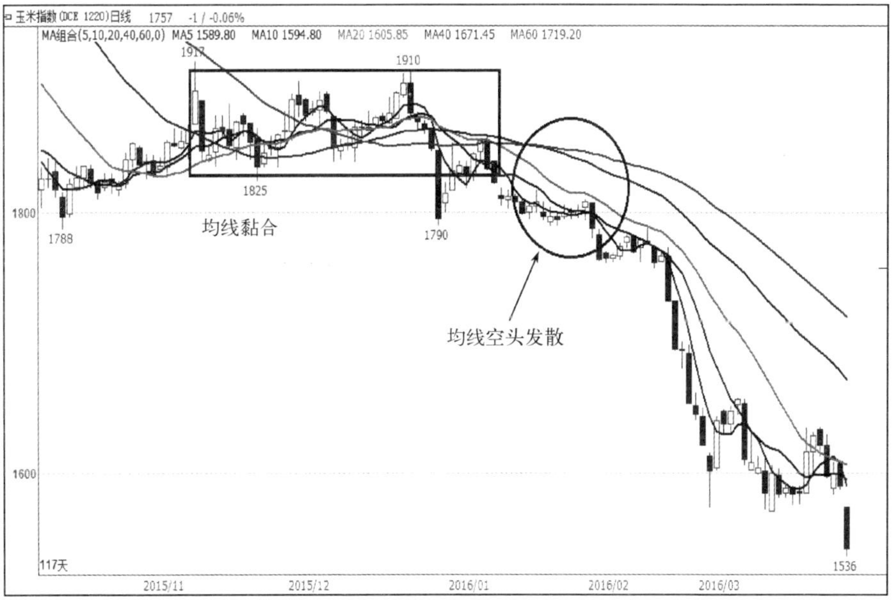
玉米指数(DCE 1220)日线 1757 -1 / -0.06%
MA组合(5,10,20,40,60,0) MA5 1589.80 MA10 1594.80 MA20 1605.85 MA40 1671.45 MA60 1719.20
1917
1910
1825
1800
1788
均线黏合
1790
均线空头发散
1600
117天
1536
2015/11
2015/12
2016/01
2016/02
2016/03

图 3-28

3.5 均线系统——双均线战法

该均线系统也是属于简单的入门系统，坚持使用，时间会证明一切！

均线指标是趋势性指标，一般用在趋势性较强的品种效果要好一些，越是趋势性强、爆发性强的品种越是效果好，比如螺纹钢、焦炭、甲醇等。所有的品种不能一概而论，投资者要根据不同品种的特性去选择适当的周期大小和均线周期大小。

投资者在期货交易市场中，应该听到最多的是“顺势交易”，从字面上讲“顺势交易”指的是在交易中顺着趋势的方向进行交易，但是这个“势”到底是顺的什么“势”？什么是“势”？15 分钟有 15 分钟的趋势，1 小时有 1 小时的趋势，日线级别有日线级别的趋势，所以要顺势就要确定好哪一个时间周期。

焦炭、焦煤、螺纹钢、铁矿等品种始终都是活跃的趋势性品种，但是每个品种的特点都不同，同样的策略在 15 分钟上面效果很好，在 1 小时上面未必效果就明显，所以，要顺势就要找到品种的特性，找到适合该品种的时间周期。

3.5.1 开仓、平仓标准

一次性开仓，中间过程没有加仓，使用两条均线，15 日均线和 120 日均线，操作周期可以为 15 分钟，可以为 1 小时，也可以为日线，根据不同的品种选择适当的周期大小。

多单开平仓标准：当 15 日均线和 120 日均线金叉，同时 K 线收盘在双均线之上时就做多；当 15 日均线和 120 日均线死叉时，就平仓多单。

空单开平仓标准：当 15 日均线和 120 日均线死叉，同时 K 线收盘在双均线之下时就做空；当 15 日均线和 120 日均线金叉时，就平仓空单。

如图3-29所示，此交易系统几乎时刻都有持仓，所以在做期货时，应该注意的是主力合约的转换，所以此系统是用在指数合约上面的，当指数合约发出交易开仓信号，要在该品种当下的主力合约上面建仓，平仓也是根据指数合约发出的信号操作。

图3-29

3.5.2 止损标准

此系统的止损标准比较特殊，分为两种止损，两种止损共同执行，第一种止损是见信号主动止损，第二种止损为固定点保护性止损。第二种止损是为了避免行情过快或者黑天鹅事件造成的行情巨幅快速波动导致第一种止损信号出现延迟所造成的风险。

多单止损：

(1)出现均线死叉信号主动止损平仓。

(2)根据不同品种特性设置固定点位止损。

多单第一种止损比较好理解，主要是第二种止损的设置，第二种止损起到保护性作用，一般情况下很难会被触及平仓，主要是配合第一种止损使用的，所以第二种止损设置相应会设置大一些，如图3-30所示，这是螺纹钢指数2017年7月15分钟K线图，当短期均线向上金叉长期均线时，多单进场，然后选择金叉前，一定时间K线附近的低点作为止损点。

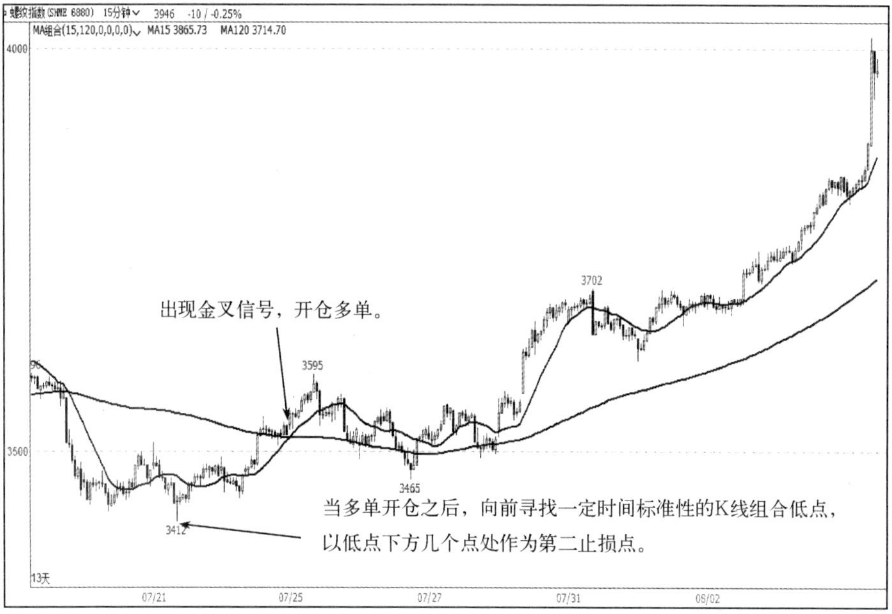

图3-30

空单止损：

(1)出现均线金叉信号主动止损平仓。

(2)根据不同品种特性设置固定点位止损。

如图3-31所示，空单止损和多单止损同理，当短期均线下穿长期均线形成死叉开仓空单后，寻找价格阶段性的高点作为止损点。

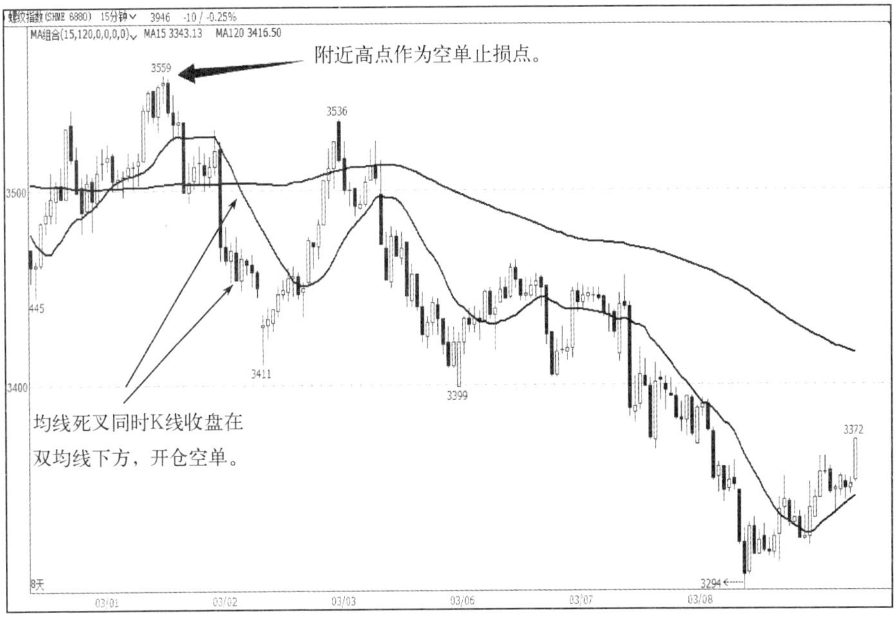

图 3-31

3.5.3 仓位标准

每个投资者对风险的承受能力不同，可以适当地选择自己的仓位标准，此系统的一大缺点是，不能提前设置止损大小，震荡的时候反复开仓，反复止损，资金回撤较大，遇到盘整周期较长的品种，长时间不能盈利，所以建议开仓仓位不能太重，每次开仓建议不要超过账户总资金的 10%。

以焦炭 1 小时周期为例，每次开仓占用总资金的 10%，如图 3-32 所示，是焦炭从 2011 年 4 月份至 2017 年 12 月份 1 小时的双均线权益资金曲线图，初始资金是 100 万的账户，每次使用 10%的总资金开仓，最高权益到达 870 万左右，年化单利收益率在 111%左右，年化复利收益率在 37.5%左右。

运用此方法选择品种很重要，仓位管理很重要，如图 3-33 所示，鸡蛋合约的双均线系统，以 1 小时 10%的账户总资金交易，2014 年 2 月份至 2017 年 12 月资金权益曲线图表，大部分时间都是挣了钱又亏

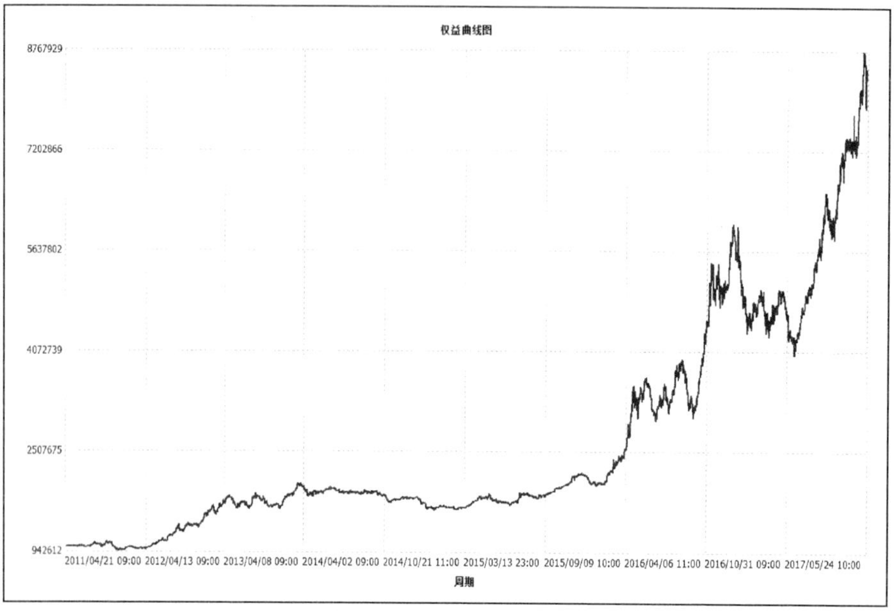
权益曲线图
8767929
7202866
5637802
4072739
2507675
942612
2011/04/21 09:00 2012/04/13 09:00 2013/04/08 09:00 2014/04/02 09:00 2014/10/21 11:00 2015/03/13 23:00 2015/09/09 10:00 2016/04/06 11:00 2016/10/31 09:00 2017/05/24 10:00
周期

图 3-32

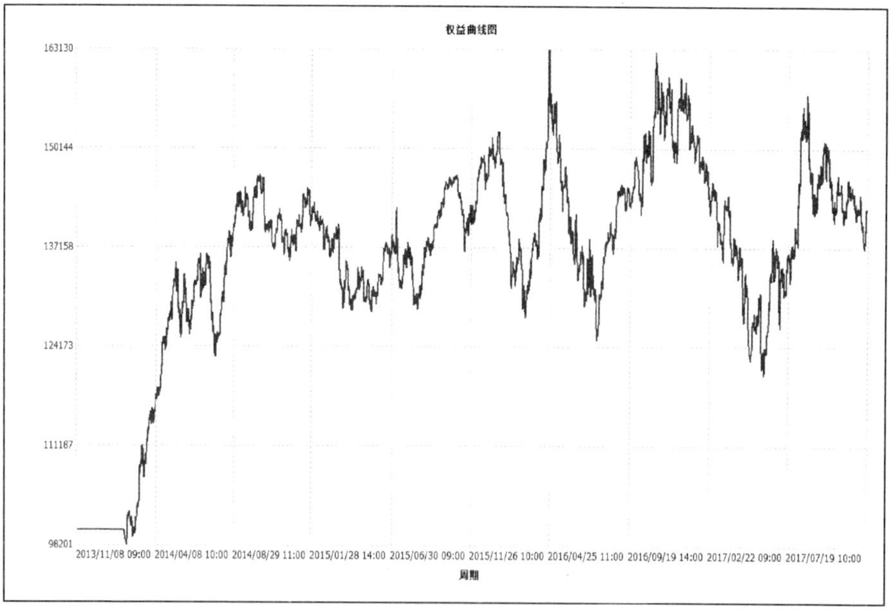
权益曲线图
163130
150144
137158
124173
111187
98201
2013/11/08 09:00 2014/04/08 10:00 2014/08/29 11:00 2015/01/28 14:00 2015/06/30 09:00 2015/11/26 10:00 2016/04/25 11:00 2016/09/19 14:00 2017/02/22 09:00 2017/07/19 10:00
周期

图 3-33

回去，所以运用此方法时要选择趋势流畅的品种，选择适当的周期，然后坚定地去执行。

3.5.4 完整的交易

完整步骤如下：

开仓标准：金叉做多；死叉做空。

止损标准：保护性止损和主动见信号止损。

仓位标准：总资金的 5%。

止盈标准：死叉平多，金叉平空。

休息标准：不活跃品种，趋势性不强品种。

周期转换：根据品种特性，调整周期级别。

例 1：

以 2015 年 7 月至 8 月份的螺纹指数合约来举例(图 3-34)，2015 年 7 月份，螺纹钢合约一手保证金约 3500 元(每一个期货公司的保证

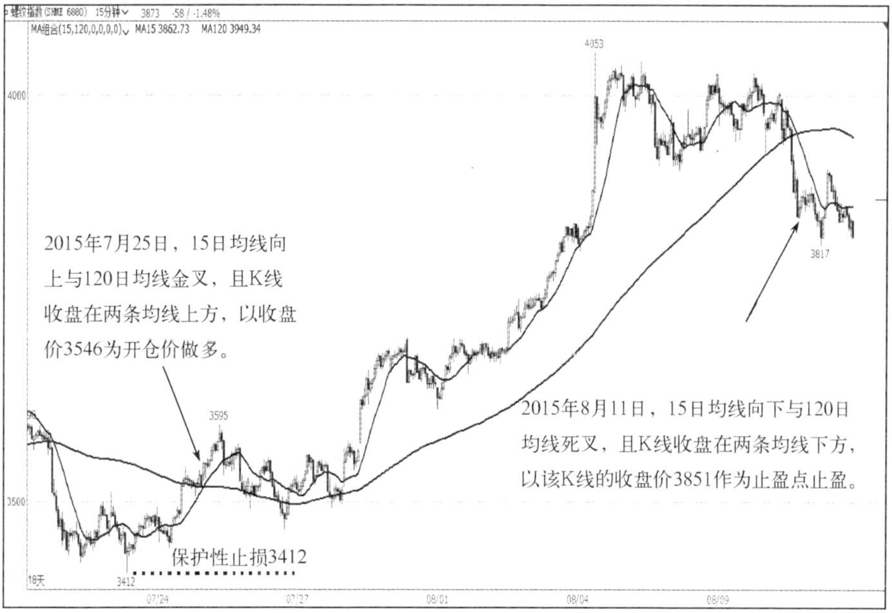

图 3-34

金标准不同，这里只是举例说明），假如我们以 100 万元的资金账户，买入 5%仓位的多单，可以买入约 14 手，至 2015 年 8 月 11 日平仓多单，一手盈利 3050 元，所以 14 手共盈利 42700 元（为了方便计算，此处只用指数合约举例，实际情况相差不多）。

一个完整的交易操作为：

开仓标准：2015 年 7 月 25 日，双均线发生金叉且 K 线收盘在双均线之上，发出买入信号买入开仓。

止损标准：（1）跟随双均线死叉信号出现止损；（2）保护性止损 3412（阶段性底部）。

仓位标准：总资金 5%仓位，开仓 14 手。

止盈标准：2015 年 8 月 11 日，双均线发生死叉，发出平仓止盈信号，3851 止盈平仓。

例 2：

以 2017 年 6 月至 9 月份的焦炭指数合约来举例（图 3-35），2017 年 9 月份，焦炭合约一手保证金约 14000 元（每一个期货公司的保证

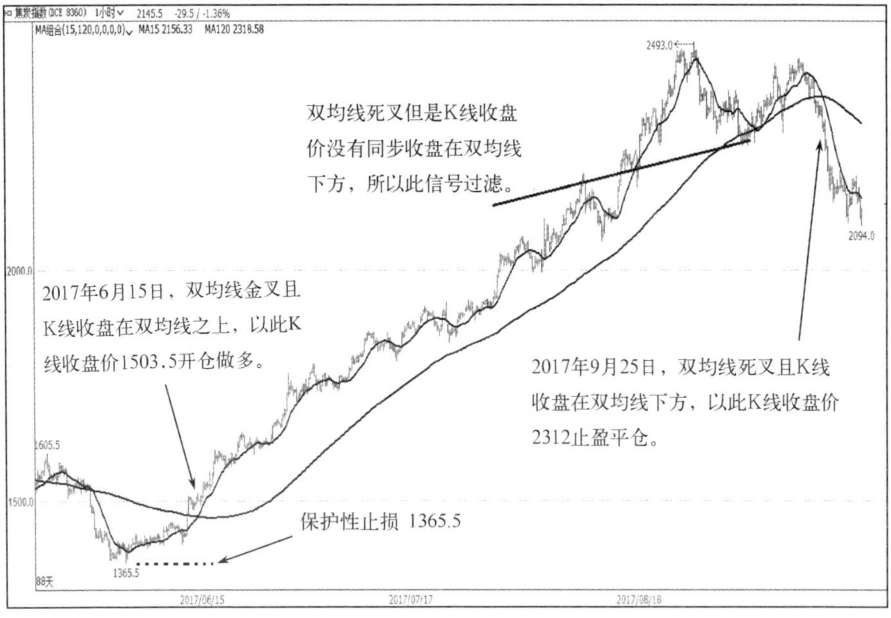

图 3-35

金标准不同，这里只是举例说明），假如我们以 100 万元的资金账户，买入 5%仓位的多单，可以买入约 3 手，至 2017 年 9 月 25 日平仓多单，一手盈利 80850 元，所以 3 手共盈利 242550 元（为了方便计算，此处只用指数合约举例，实际情况相差不多）。

一个完整的交易操作为：

开仓标准：2017 年 6 月 15 日，双均线发生金叉且 K 线收盘在双均线之上，发出买入信号买入开仓。

止损标准：（1）跟随双均线死叉信号出现止损；（2）保护性止损 1365. 5（阶段性底部）。

仓位标准：总资金 5%仓位，开仓 3 手。

止盈标准：2017 年 9 月 25 日，双均线发生死叉，发出平仓止盈信号，2312 止盈平仓。

例 3：

以 2017 年 5 月份的沪镍指数合约来举例（图 3-36），2017 年 5 月份，沪镍合约一手保证金约 8000 元，假如我们以 100 万元的资金账

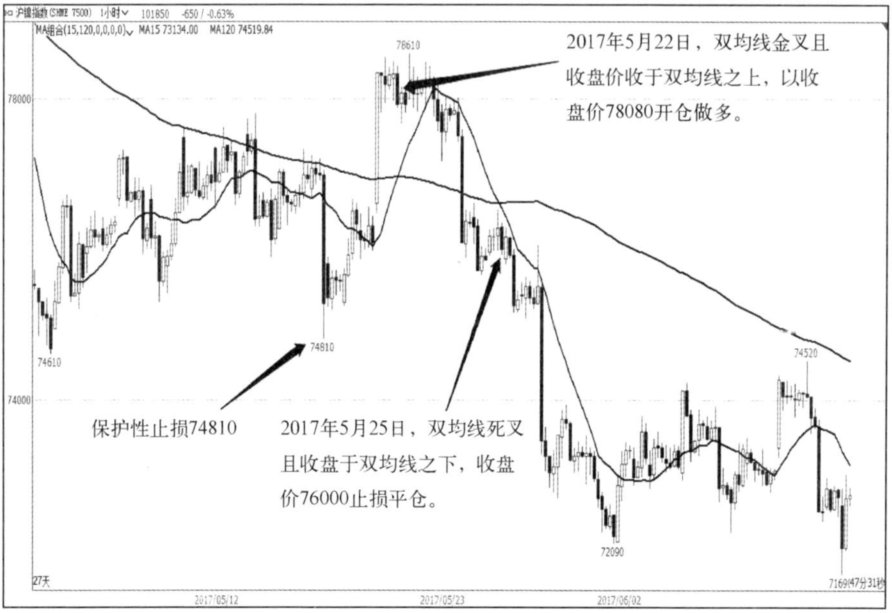

图 3-36

户，买入5%仓位的空单，可以卖出约6手，至2017年5月25日平仓多单，一手亏损2080元，所以6手共亏损12480元(为了方便计算，此处只用指数合约举例，实际情况相差不多)。

一个完整的交易操作为：

开仓标准：2017年5月22日，双均线发生金叉且K线收盘在双均线之上，发出买入信号买入开仓。

止损标准：(1)跟随双均线死叉信号出现止损；(2)保护性止损74810(阶段性底部)。

仓位标准：总资金5%仓位，开仓6手。

止盈标准：2017年5月25日，双均线发生死叉，发出平仓止损信号，76000止损平仓。

例4：

以2017年11月份橡胶指数合约来举例(图3-37)，2017年11月份，橡胶合约一手保证金约15000元，假如我们以100万元的资金账户，买入5%仓位的多单，可以买入约3手，至2017年11月13日平

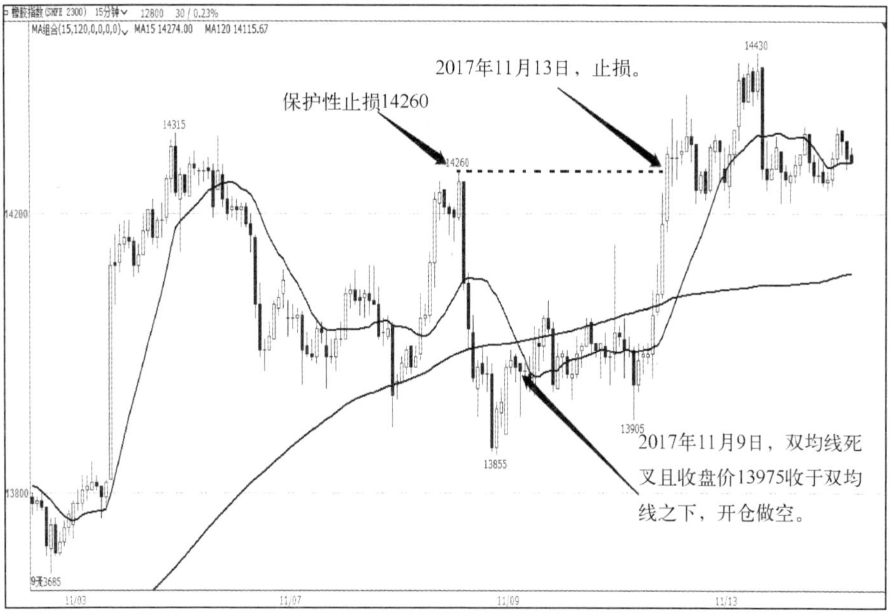

图3-37

仓空单，一手亏损 2850 元，所以 3 手共亏损 8550 元(为了方便计算，此处只用指数合约举例，实际情况相差不多)。

一个完整的交易操作为：

开仓标准：2017 年 11 月 9 日，双均线发生死叉且 K 线收盘在双均线之下，发出买出信号卖出开仓。

止损标准：(1)跟随双均线金叉信号出现止损；(2)保护性止损 14260(阶段性顶部)。

仓位标准：总资金 5%仓位，开仓 3 手。

止盈标准：2017 年 11 月 13 日，上穿保护性止损 14260 平仓。

不适当品种举例：

如图 3-38 所示，鸡蛋指数合约 2016 年 10 月份到 2017 年 5 月份期间，鸡蛋行情上下起伏，运用双均线系统会反反复复开仓止损，阶段性亏损会比较严重，见于此类软商品和农产品一样，周期性比较明显，建议不熟悉这一类品种周期性规律的交易者不要参与交易。

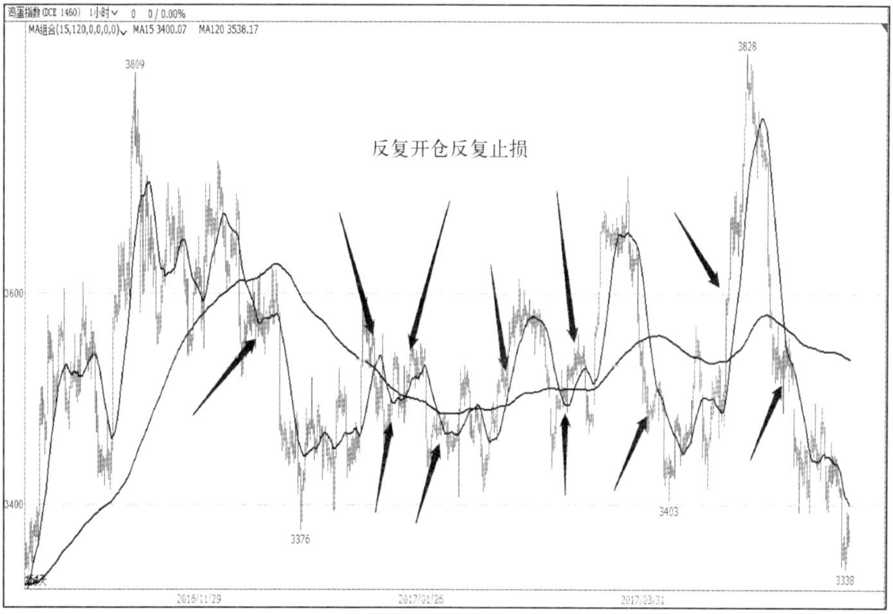

图 3-38

注意事项：

以上都是举例，交易者切不可盲目使用，不同的品种要选择不同的周期，同样的一个策略运用在 1 小时和 15 分钟上面会有完全不一样的效果，交易者在使用系统之前一定要做好功课，选择合适品种合约，选择合适周期不断模拟复盘演算，可以更改均线参数，寻找更适合自己的方法。

第4章

技术系统分析——MACD指标语言

期货交易具有很多的欺骗性陷阱，有一种赚钱叫做错，有一种亏钱叫做对。

我们应该在意交易是做对还是做错，而不是赚钱还是亏钱。

——杨清

4.1 MACD 指标的构造原理和计算方法

4.1.1 MACD 的构造原理

MACD 指标称为指数平滑异同移动平均线。是一种利用短期均线与长期均线之间的聚合与分离状况，对买进卖出时机进行研判的技术指标，MACD 的原理是运用两条不同的短期与长期的平滑移动平均线 EMA，来计算两者的正负差，再进行多日平均计算出 MACD 指标。指标进行了双重平滑运算，可较好地“过滤”出买卖信号。

在技术分析领域，MACD 指标又有“指标之王”的美誉，主要是指标用途十分广泛，主要包括趋势识别、多空力量分析、买卖点预判以及顶和底的背离等等。

MACD 指标是由 DIFF 线、DEA 线与 MACD 柱线以及 0 轴等“三线一轴”构成。DIFF 线是快速平均线(简称快线)，DEA 线是慢速平均线(简称慢线)，变化相对平缓；MACD 柱线是 DIFF 线与 DEA 线的差的两倍，以柱体表示，这三个指标线都围绕着以 0 轴为中心的空间运行，在软件系统中，当 MACD 柱线在 0 轴线上方时，柱体为红色；在 0 轴下方时，柱体为绿色，如图 4-1 所示。

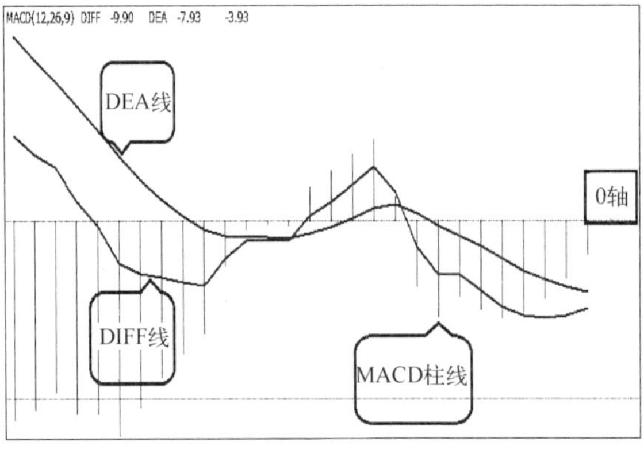

图 4-1

4.1.2 DIFF 线

DIFF 线是 MACD 指标两条曲线中波动较快的一条，叫作快速平均线(简称快线)，DIFF 线是计算 MACD 指标的基础，DEA 线和 MACD 柱线的计算都要从计算 DIFF 线开始。

DIFF 线是两条不同周期 EMA 指标线之差，EMA 指标与移动平均线(MA)指标类似，都是统计过去一段时间内平均成交价格的技术指标，它与 MA 不同的是，EMA 指标线对比 MA 指标更加贴近价格走势。因此，同周期的 EMA 指标波动要比 MA 指标更加频繁。

在期货软件中，一般默认的两条 EMA 线的周期为 12 日和 26 日。即：DIFF= EMA(12) - EMA(26)。

MACD 指标中的 DIFF 线，就是两条不同周期 EMA 指标线之差。当 EMA(12)位于 EMA(26)上方时，DIFF 线在 0 轴上方，如图 4-2 所示。

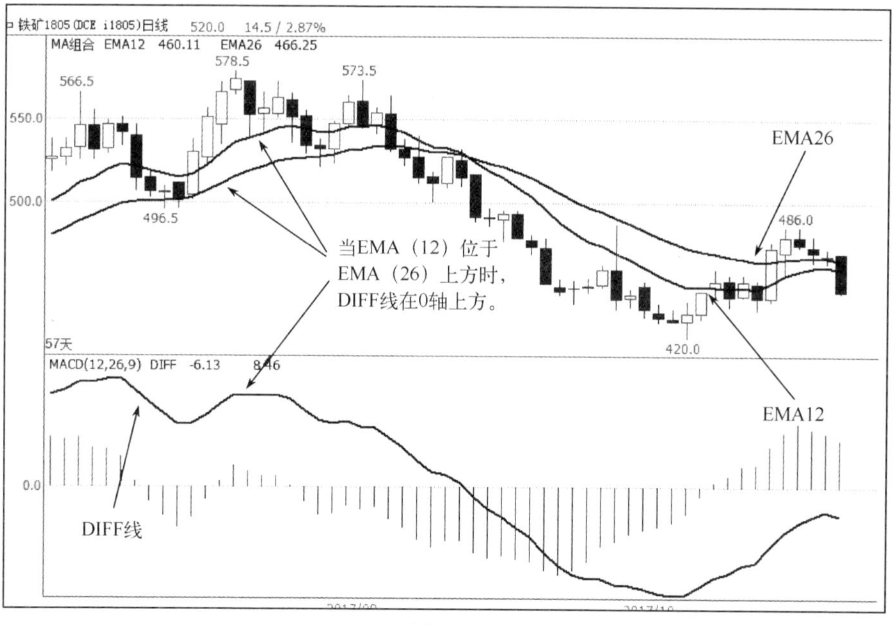

图 4-2

当 EMA(12)位于 EMA(26)下方时，DIFF 线在 0 轴下方，如图

4-3所示。

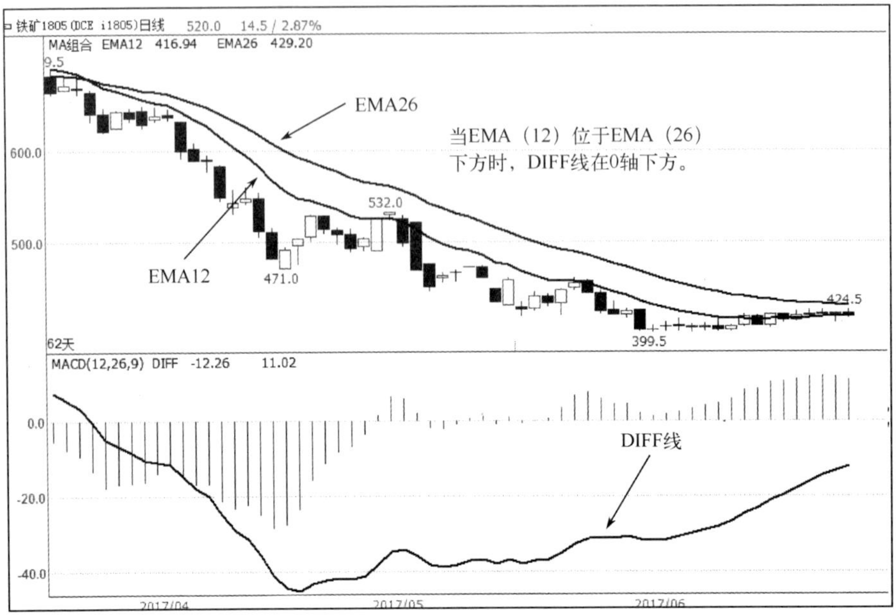

图 4-3

当 DIFF 线向上突破 0 轴，对应的两条 EMA 线形成金叉，说明行情处于上涨趋势，是后市看多信号，如图 4-4 所示。

当 DIFF 线向下跌破 0 轴，对应的两条 EMA 线形成死叉，说明行情趋势下跌，是后市看空信号，如图 4-5 所示。

由于 DIFF 线是两条 EMA 线之差，而 EMA 指标可以表示不同时间段内价格涨跌趋势的快慢，所以，我们可以定义 DIFF 线为表示价格涨跌速度的曲线，称为“快线”。

当 DIFF 线位于 0 轴以上时，说明期货价格处于上涨趋势中，并且 DIFF 线的位置距离 0 轴距离越远，说明价格的上涨幅度越大，如图 4-6 所示。

当 DIFF 线位于 0 轴以下时，说明期货价格处于下跌趋势中，并且 DIFF 线的位置距离 0 轴距离越远，说明价格的下跌幅度越大，如图 4-7 所示。

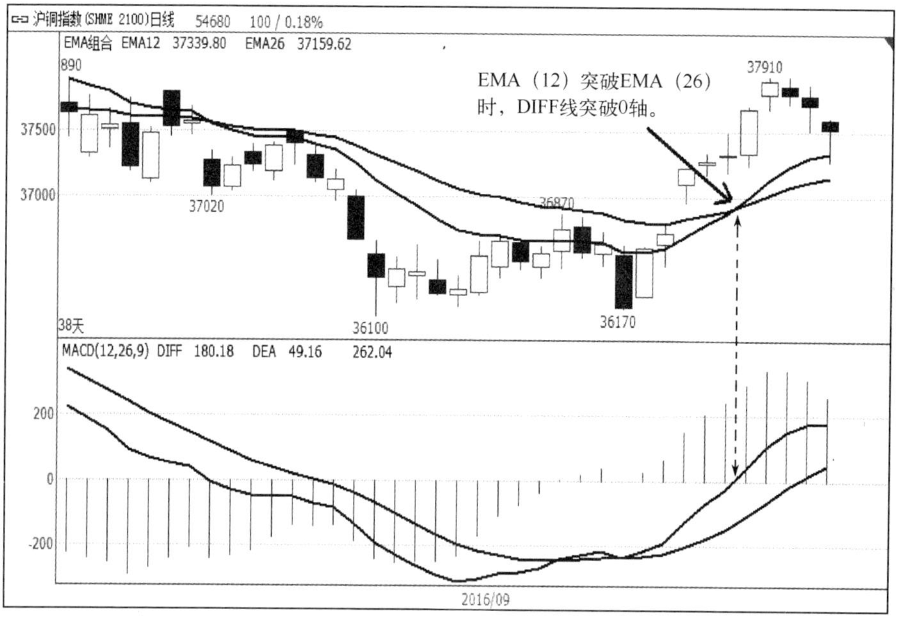
沪铜指数(SHME 2100)日线 54680 100 / 0.18%
EMA组合 EMA12 37339.80 EMA26 37159.62
EMA（12）突破EMA（26）时，DIFF线突破0轴。
37910
37500
37000
37020
36870
36100
36170
38天
MACD(12,26,9) DIFF 180.18 DEA 49.16 262.04
200
0
-200
2016/09

图 4-4

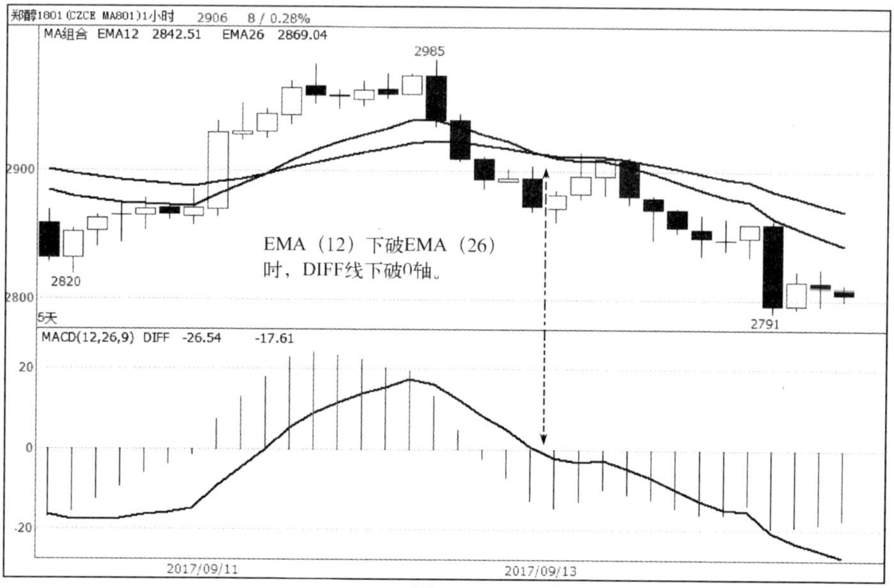
郑醇1801 (CZCE MA801)1小时 2906 8 / 0.28%
MA组合 EMA12 2842.51 EMA26 2869.04
2985
2900
EMA（12）下破EMA（26）时，DIFF线下破0轴。
2820
2800
5天
2791
MACD(12,26,9) DIFF -26.54 -17.61
20
0
-20
2017/09/11
2017/09/13

图 4-5

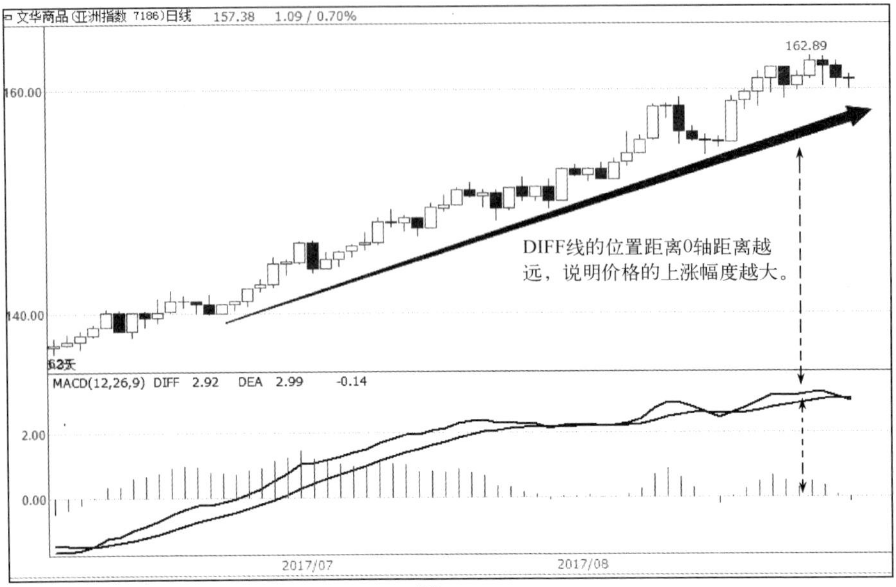
文华商品(亚洲指数 7186)日线 157.38 1.09 / 0.70%
162.89
160.00
140.00
DIFF线的位置距离0轴距离越远，说明价格的上涨幅度越大。
MACD(12,26,9) DIFF 2.92 DEA 2.99 -0.14
2.00
0.00
2017/07
2017/08

图 4-6

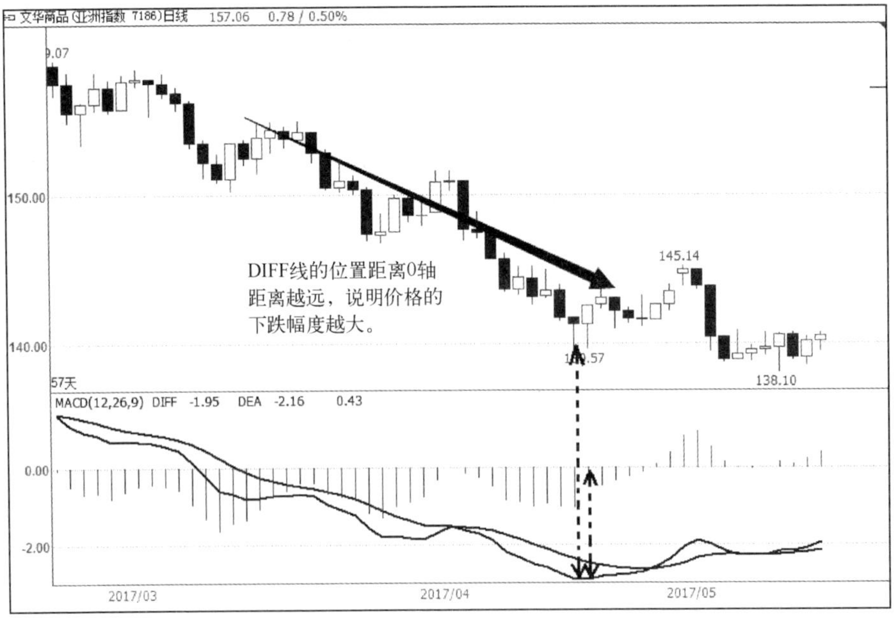
文华商品(亚洲指数 7186)日线 157.06 0.78 / 0.50%
150.00
145.14
140.00
DIFF线的位置距离0轴距离越远，说明价格的下跌幅度越大。
138.10
57天
MACD(12,26,9) DIFF -1.95 DEA -2.16 0.43
0.00
-2.00
2017/03
2017/04
2017/05

图 4-7

4.1.3 DIFF 形态结构

根据 DIFF 指标与 0 轴的位置和 DIFF 曲线的运行方向，我们可以分成四种价格运行结构。

第一种：DIFF 线位于 0 轴上方，且向右上方运动，则说明价格继续上涨的概率较大，该形态属于看涨信号，如图 4-8 所示。

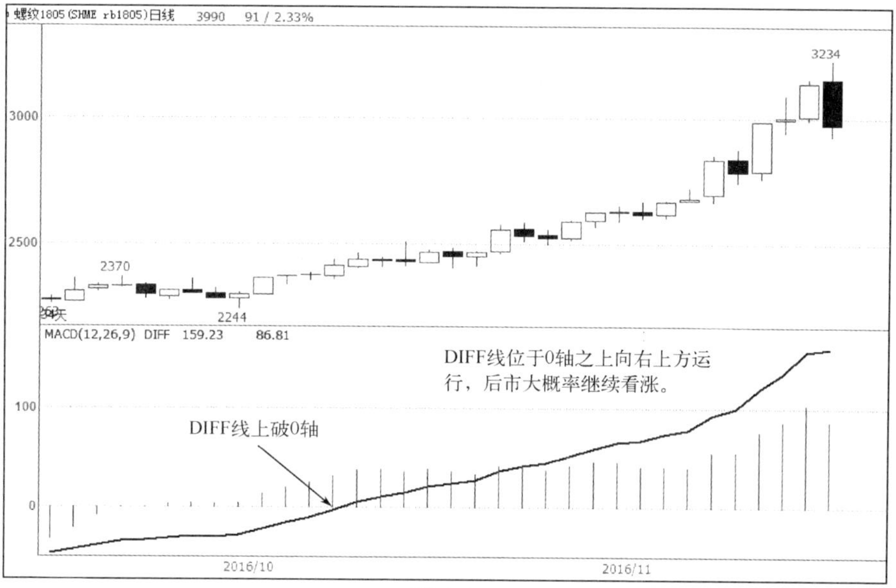

图 4-8

如图 4-9 所示，2016 年 4 月 12 日，豆粕指数合约日线级别 DIFF 上破 0 轴，之后 DIFF 一直向右上方运行，价格不断创新高，跟随市场顺着方向只可做多，切不可盲目摸顶做空。

第二种：DIFF 线位于 0 轴上方，但向右下方运动，则说明多头力量正在不断衰减，价格有所回调，后市方向不明朗，多空都有可能，投资者此时可以多单减仓，但不可立即做空头寸，如图 4-10 所示。

如图 4-11 所示，2017 年 7 月 11 日，沥青指数合约 DIFF 线上破 0 轴，随后 DIFF 线向右上方运行，价格不断上涨，涨至 2017 年 8 月 13 日左右，DIFF 线有拐头迹象，此时 K 线出现连续小阴线，多单可以适

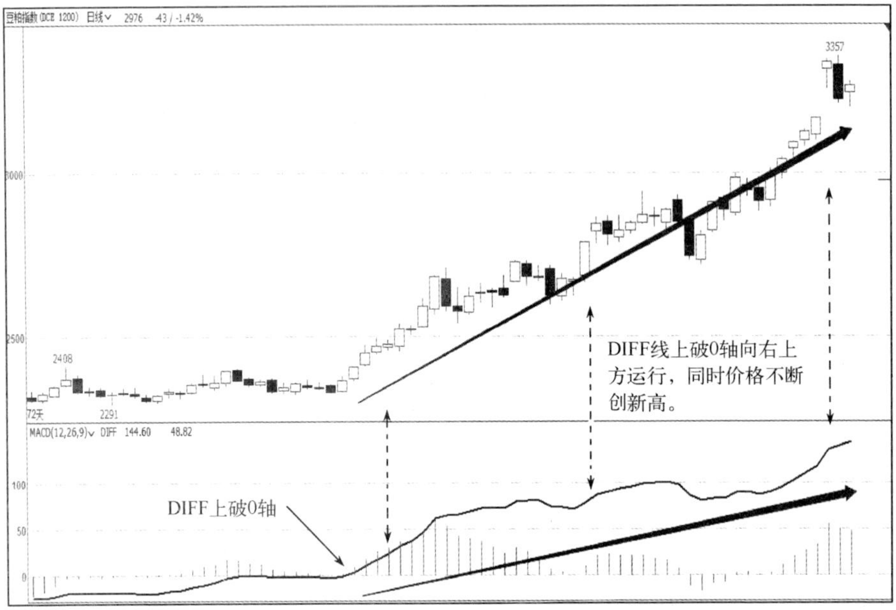
豆粕指数(DCE 1200) 日线 2976 -43 / -1.42%
3357
3000
2500
2408
2291
DIFF线上破0轴向右上方运行，同时价格不断创新高。
MACD(12,26,9) DIFF 144.60 48.82
100
50
0
DIFF上破0轴

图 4-9

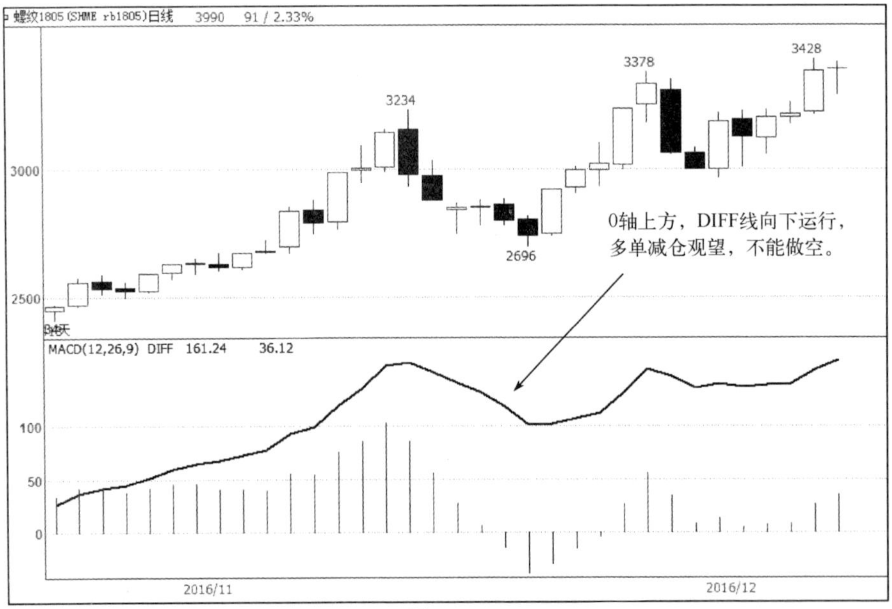
螺纹1805(SHME rb1805)日线 3990 91 / 2.33%
3234
3378
3428
3000
2500
2696
0轴上方，DIFF线向下运行，多单减仓观望，不能做空。
MACD(12,26,9) DIFF 161.24 36.12
100
50
0
2016/11
2016/12

图 4-10

当减仓，随后 2017 年 8 月 23 日，价格再次突破横盘黏合前高，但 DIFF 线表现无力，没有继续跟随价格向右上方运行，此时多单应该警惕，减少多单持仓降低仓位或者平仓止盈，等待下一次开仓机会。

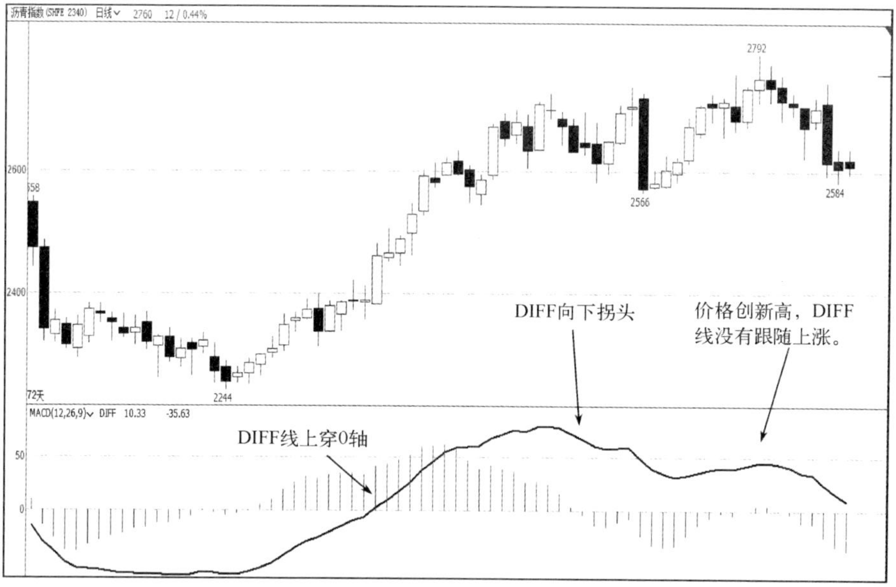

图 4-11

第三种：DIFF 线位于 0 轴下方，且向右下方运行，则说明价格继续下跌的概率较大，该形态属于看跌形态，如图 4-12 所示。

如图 4-13 所示，2014 年 8 月 12 日螺纹指数日线图，DIFF 线下破 0 轴，之后 DIFF 线一直向右下方运行，说明市场趋势看空，这时只可做空不可做多。

第四种：DIFF 线位于 0 轴下方，但向右上方运行，则说明空头力量正在不断衰减，价格有所反弹，后市方向不明朗，多空都有可能，投资者此时可以空单减仓，但不可立即做多头寸，如图 4-14 所示。

如图 4-15 所示，2015 年 11 月 2 日，沪镍指数合约日线图，DIFF 线下破 0 轴，随后价格出现一波流畅下跌，跌至 2015 年 11 月 24 日，之后 DIFF 线拐头向右上方运行，同时 K 线出现连续两根大阳线，此时反转信号强烈，多单平仓。

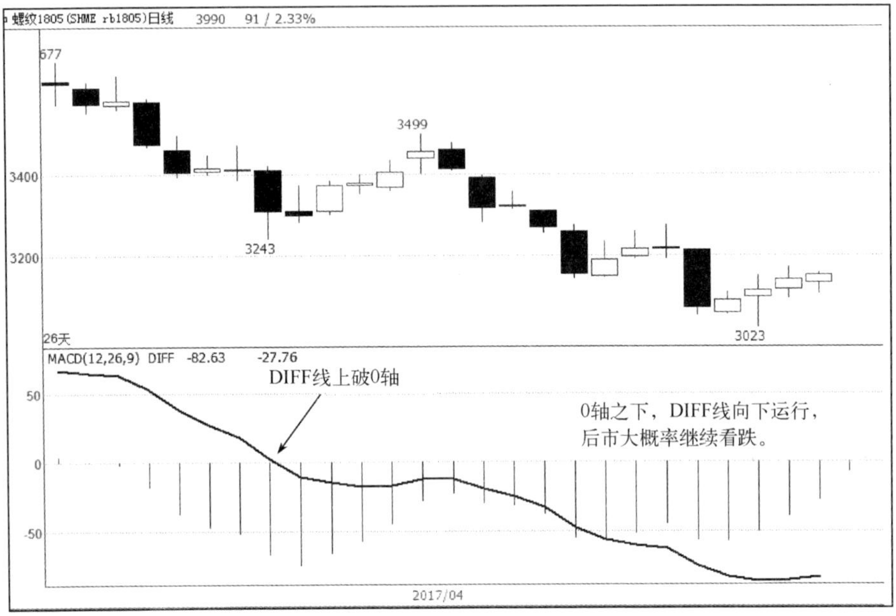
螺纹1805(SHME rb1805)日线 3990 91 / 2.33%
677
3499
3400
3200
3243
3023
26天
MACD(12,26,9) DIFF -82.63 -27.76
DIFF线上破0轴
50
0
-50
0轴之下，DIFF线向下运行，
后市大概率继续看跌。
2017/04

图 4-12

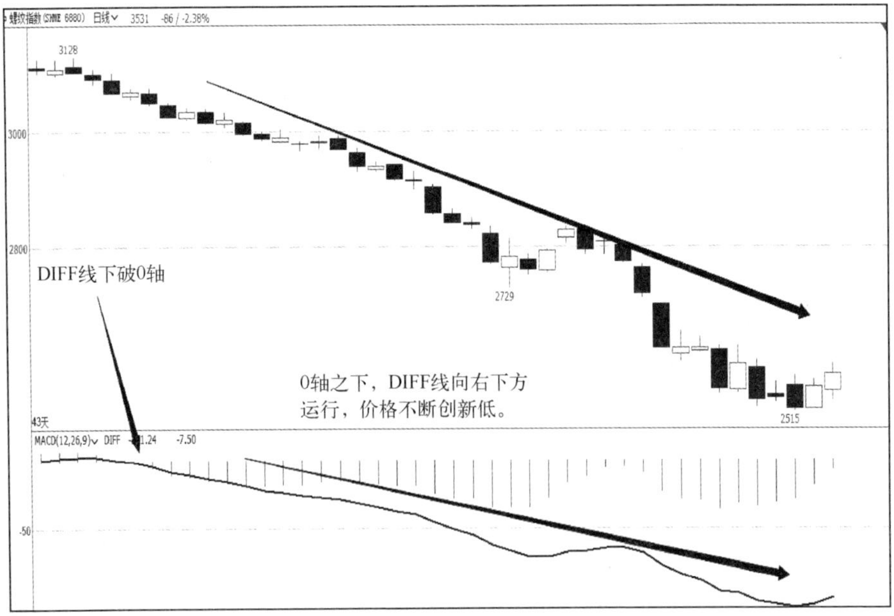
螺纹指数(SHME 6880) 日线 3531 -86 / -2.38%
3128
3000
2800
2729
DIFF线下破0轴
0轴之下，DIFF线向右下方
运行，价格不断创新低。
2515
43天
MACD(12,26,9) DIFF 1.24 -7.50
-50

图 4-13

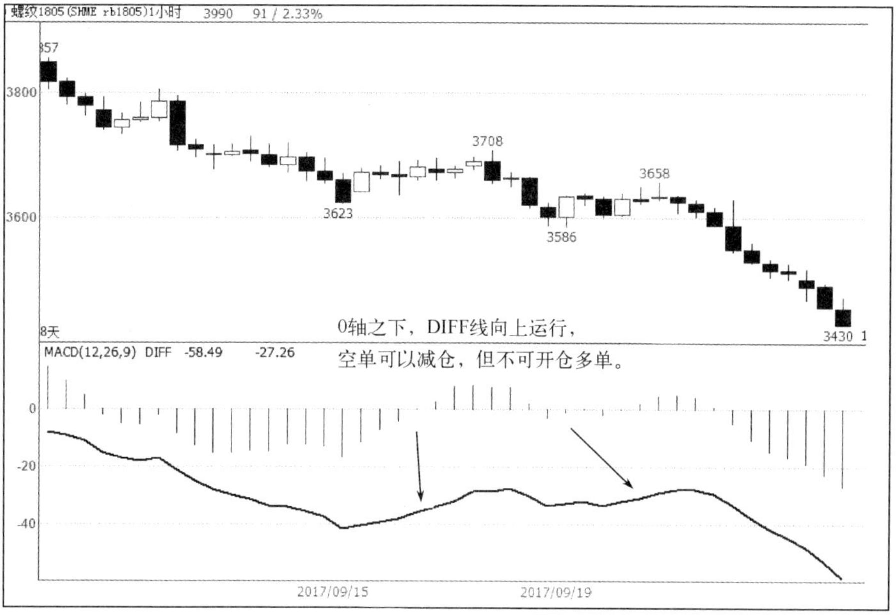
螺纹1805(SHME rb1805)1小时 3990 91 / 2.33%
3708
3658
3623
3586
3430
0轴之下，DIFF线向上运行，
空单可以减仓，但不可开仓多单。
MACD(12,26,9) DIFF -58.49 -27.26
2017/09/15
2017/09/19

图 4-14

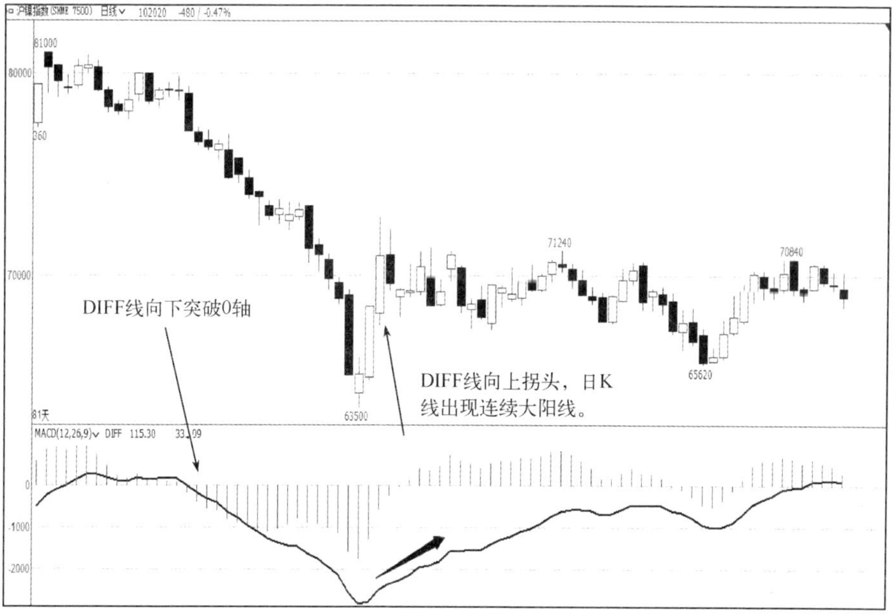
81000
71240
70840
65620
63500
DIFF线向下突破0轴
DIFF线向上拐头，日K
线出现连续大阳线。
MACD(12,26,9) DIFF 115.30

图 4-15

4.1.4 DEA 线

DEA 线是 DIFF 线的 n 日指数平均数，从本质上讲，DEA 线可以认为是一条 DIFF 线的均线，计算公式为：DEA = EMA/DIFFn。一般期货软件中，n 的默认指数为 9。

DEA 线是统计 DIFF 线较长时间内运行趋势的曲线，又称为“慢线”。在具体操作中，一般将 DEA 线作为 DIFF 线走势的辅助指标。与 DIFF 线相比，DEA 线的波动更加平滑，但是相对滞后。

DEA 线的主要作用包括以下两个方面：

第一，DIFF 线交易信号的强化。如图 4-16 所示，DIFF 线穿越 0 轴或者下穿 0 轴等形态，发出买入或者卖出交易信号时，如果随后能够得到 DEA 线的确认，则可以增强交易信号的准确性。

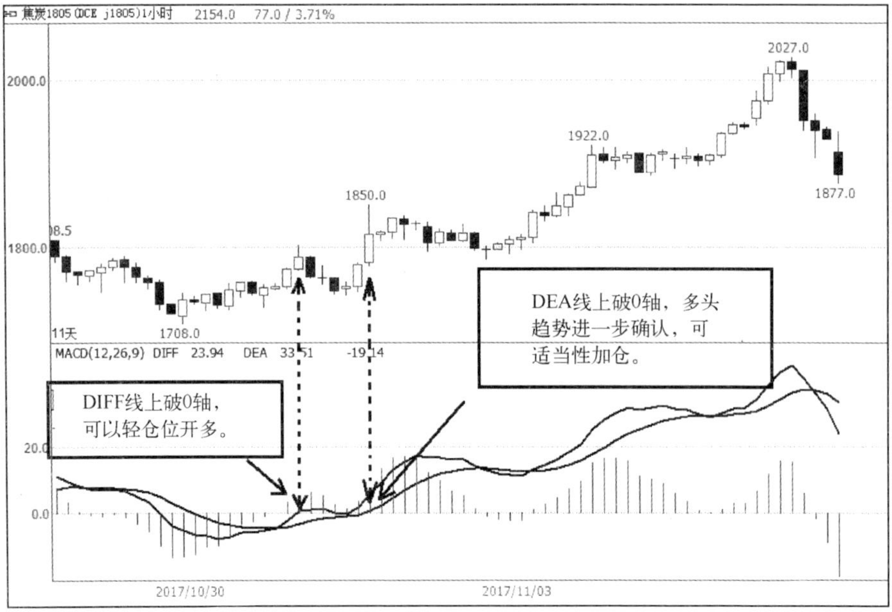

图 4-16

第二，表示多空力量的变化。如图 4-17 所示，DIFF 线位于 DEA 线上方时，说明多头占据一定的优势，DIFF 线与 DEA 线的距离越大，则说明多头的力量优势就越大。

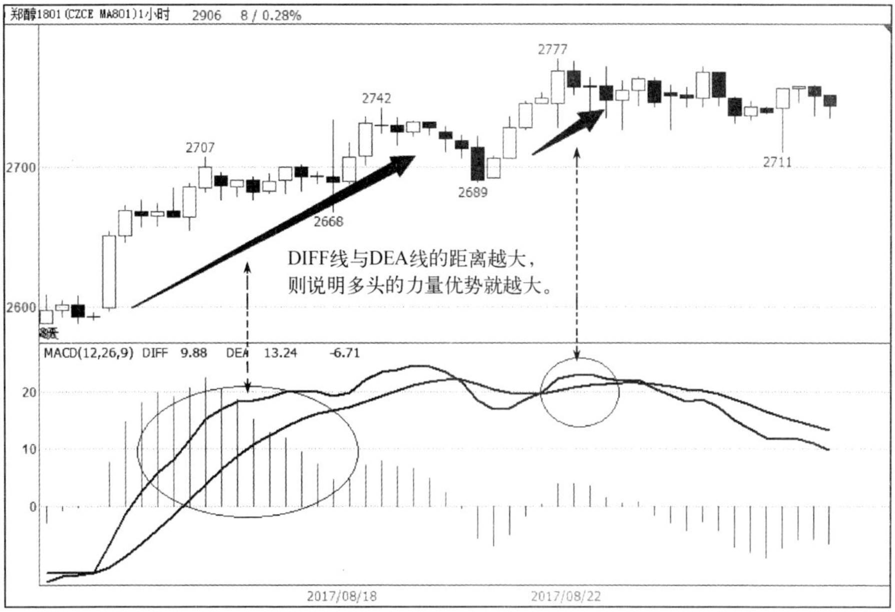

图 4-17

反之，如图 4-18 所示，DIFF 线位于 DEA 线下方时，说明空头占据一定的优势，此时 DIFF 线与 DEA 线的距离越大，则说明空头优势就越大。

当 DIFF 线自下向上突破 DEA 线时，表示行情开始由弱变强，说明价格短期的上涨速度快于长期上涨速度，这是行情正逐渐走强的信号，两条曲线之间的距离越大，则代表行情越强，该形态被称为 MACD 指标金叉，是后市看涨信号；当 DIFF 线自上向下跌破 DEA 线时，表示行情开始由强变弱，说明价格短期的下跌速度快于长期下跌速度，这是行情正逐渐走弱的信号，两条曲线之间的距离越大，则代表行情就越弱，该形态被称为 MACD 指标死叉，是后市看空信号。

如图 4-19 所示，焦炭指数 2017 年 6 月 12 日，DIFF 线突破 DEA 线，形成 MACD 指标金叉，说明了行情由弱开始转强，后市看涨，可适当性买入主力合约。

MACD 金叉之后，价格一路上涨，至 6 月 21 日，DIFF 线上破 0 轴，多头趋势确认可加仓后继续持有。

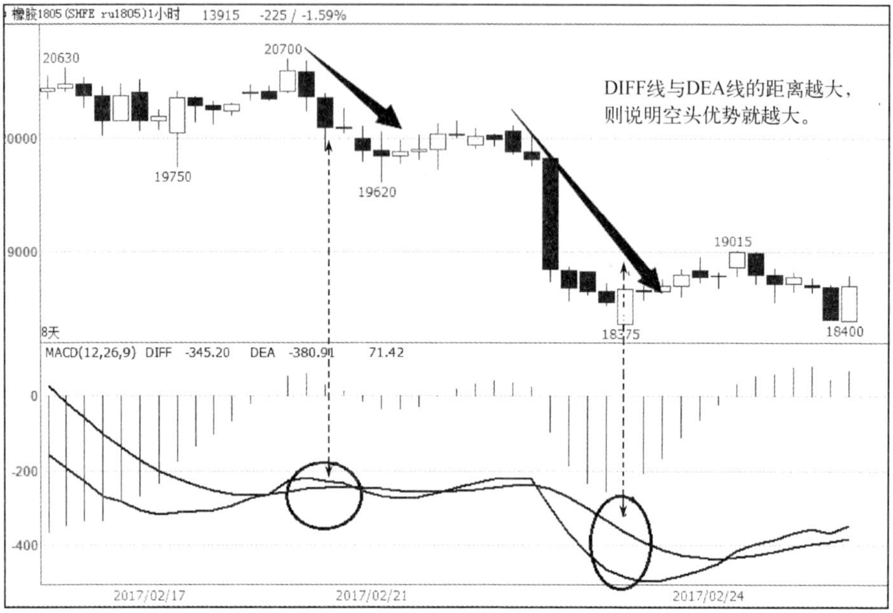
橡胶1805(SHFE ru1805)1小时 13915 -225 / -1.59%
20630
20700
DIFF线与DEA线的距离越大，
则说明空头优势就越大。
20000
19750
19620
19000
19015
18375
18400
MACD(12,26,9) DIFF -345.20 DEA -380.91 71.42
0
-200
-400
2017/02/17
2017/02/21
2017/02/24

图 4-18

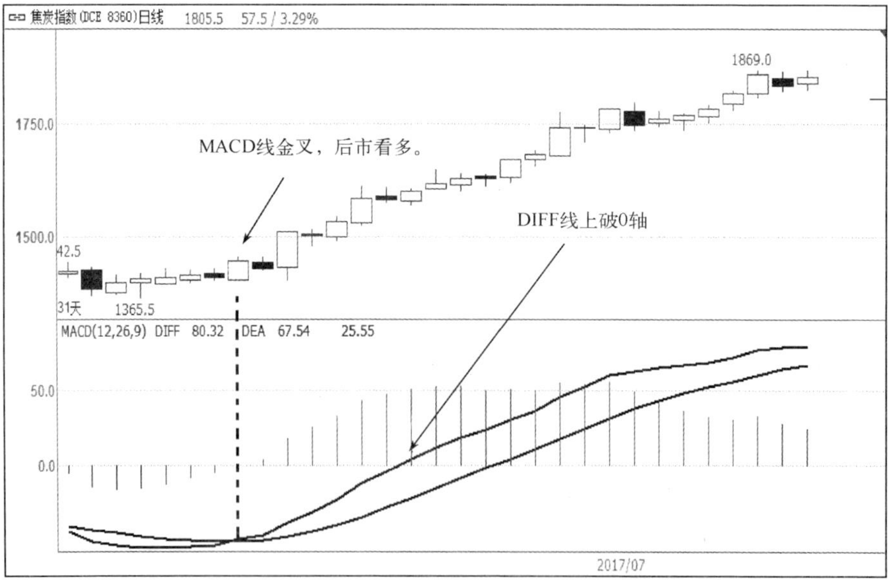
焦炭指数(DCE 8360)日线 1805.5 57.5 / 3.29%
1869.0
1750.0
MACD线金叉，后市看多。
DIFF线上破0轴
1500.0
1365.5
MACD(12,26,9) DIFF 80.32 DEA 67.54 25.55
50.0
0.0
2017/07

图 4-19

如图 4-20 所示，PVC 指数 2017 年 9 月 8 日，DIFF 线跌破 DEA 线，形成 MACD 死叉，说明了行情由强开始转弱，后市看空，可适当性卖出主力合约。

死叉之后，价格一路下跌，至 9 月 19 日，DIFF 线下破 0 轴，空头趋势确认可加仓后继续持有。

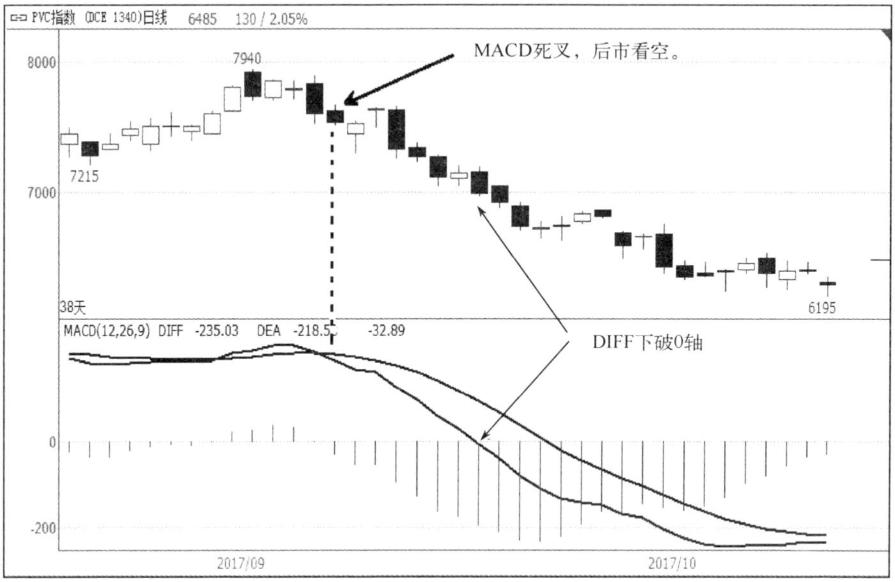

图 4-20

4.1.5 MACD 柱线

MACD 指标中，DIFF 线和 DEA 线之间的距离大小可以体现价格涨跌能量的变化，其中 MACD 柱线就是测算 DIFF 线和 DEA 线之间距离的指标。

MACD 柱线显示的是 DIFF 线和 DEA 线之间的差值。在软件中，为了显示更加明显，更好地去观察，一般软件默认的设置 MACD 柱线值为差值的 2 倍，即 MACD=(DIFF - DEA)×2。如图 4-21 所示。

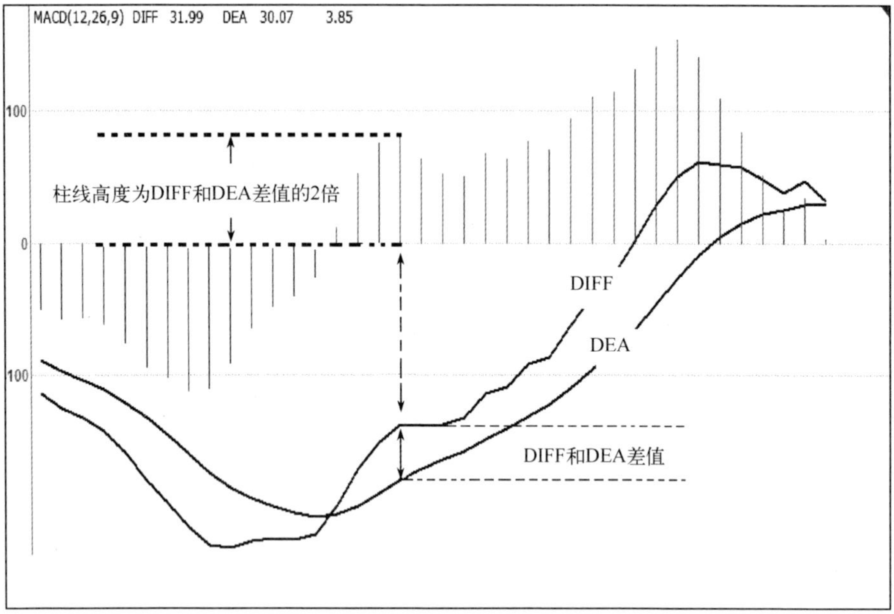

图 4-21

当 MACD 柱线位于 0 轴上方时，DIFF 线高于 DEA 线，说明当前多头占据优势地位，并且柱线越长，说明推动价格上涨的能量越强；当 MACD 柱线位于 0 轴下方时，说明当前价格正处于下跌的动能推动下，并且柱线越长，说明推动价格下跌的能量就越强。

一般情况下，MACD 与 0 轴的几种关系：

第一种：MACD 柱线位于 0 轴上方，且 MACD 柱线逐渐不断变长时，说明多头力量逐渐增强，投资者可以考虑多单加仓或者建立新多单买入开仓，如图 4-22 所示。

第二种：MACD 柱线位于 0 轴上方，且 MACD 柱线逐渐不断变短时，说明多头力量逐渐衰弱，投资者应该考虑多单减仓，如图 4-23 所示。

第三种：MACD 柱线位于 0 轴下方，且 MACD 柱线逐渐不断变长时，说明空头力量逐渐增强，投资者可以考虑空单或者建立新空单卖出开仓，如图 4-24 所示。

第四种：MACD 柱线位于 0 轴下方，且 MACD 柱线逐渐不断变短时，说明空头力量逐渐衰弱，投资者应该考虑空单减仓，如图 4-25 所示。

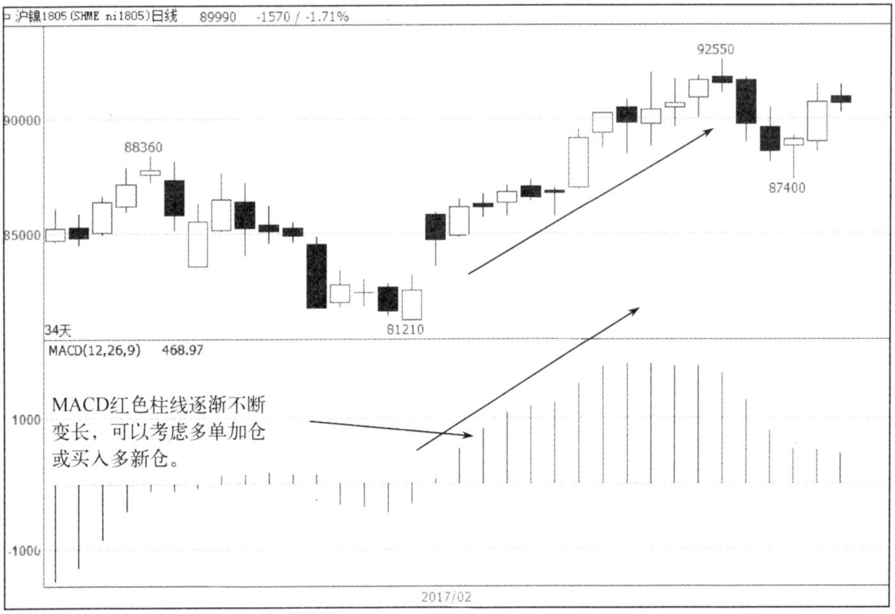
沪镍1805(SHME ni1805)日线 89990 -1570 / -1.71%
92550
90000
88360
87400
85000
81210
34天
MACD(12,26,9) 468.97
MACD红色柱线逐渐不断变长，可以考虑多单加仓或买入多新仓。
1000
-1000
2017/02

图4-22

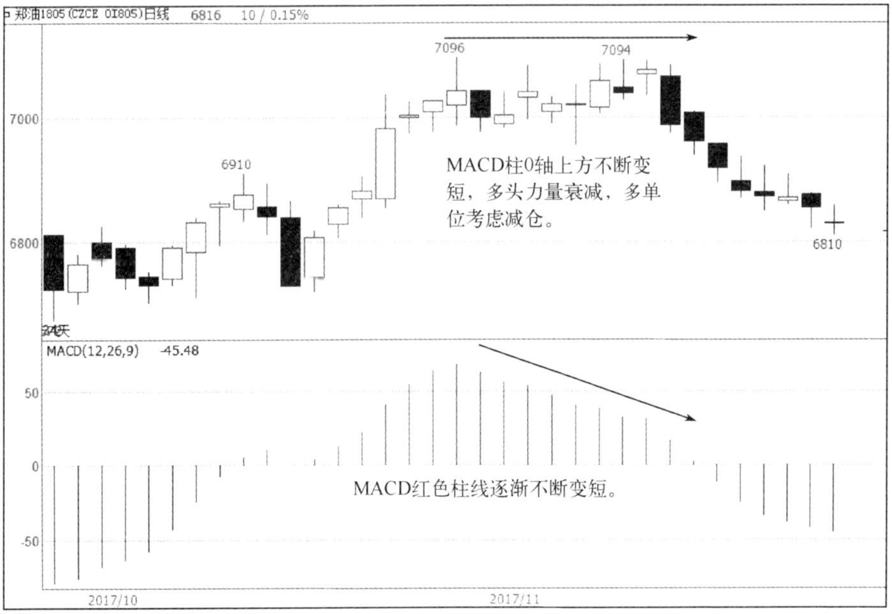
郑油1805(CZCE OI805)日线 6816 10 / 0.15%
7096
7094
7000
6910
MACD柱0轴上方不断变短，多头力量衰减，多单位考虑减仓。
6800
6810
MACD(12,26,9) -45.48
50
0
MACD红色柱线逐渐不断变短。
-50
2017/10
2017/11

图4-23

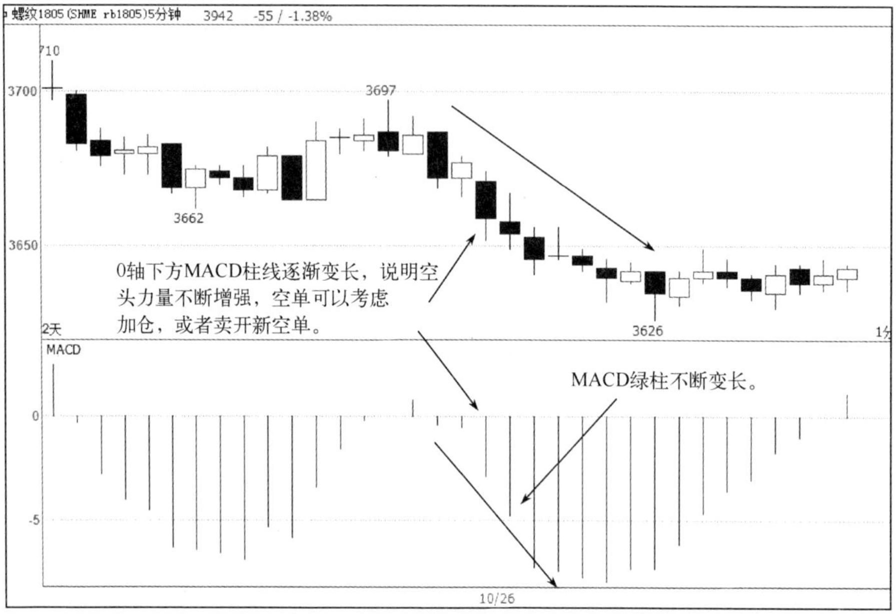
螺纹1805(SHME rb1805)5分钟 3942 -55 / -1.38%
3697
3662
3626
0轴下方MACD柱线逐渐变长，说明空头力量不断增强，空单可以考虑加仓，或者卖开新空单。
MACD
MACD绿柱不断变长。
10/26

图 4-24

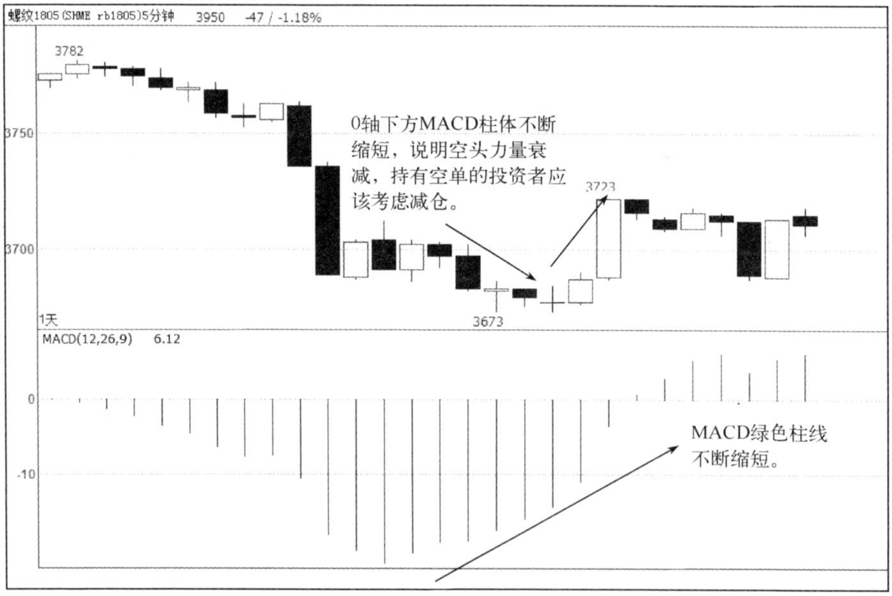
螺纹1805(SHME rb1805)5分钟 3950 -47 / -1.18%
3782
0轴下方MACD柱体不断缩短，说明空头力量衰减，持有空单的投资者应该考虑减仓。
3723
3673
MACD(12,26,9) 6.12
MACD绿色柱线不断缩短。

图 4-25

4.1.6 MACD 指标在软件中设置

在期货软件中，MACD 指标是可以根据自己的需要去改变参数的，从而调整指标对于价格涨跌的敏感度。

MACD 指标中有三个参数可以调整，一般的软件中设置为(12，26，9)，如图 4-26 所示。

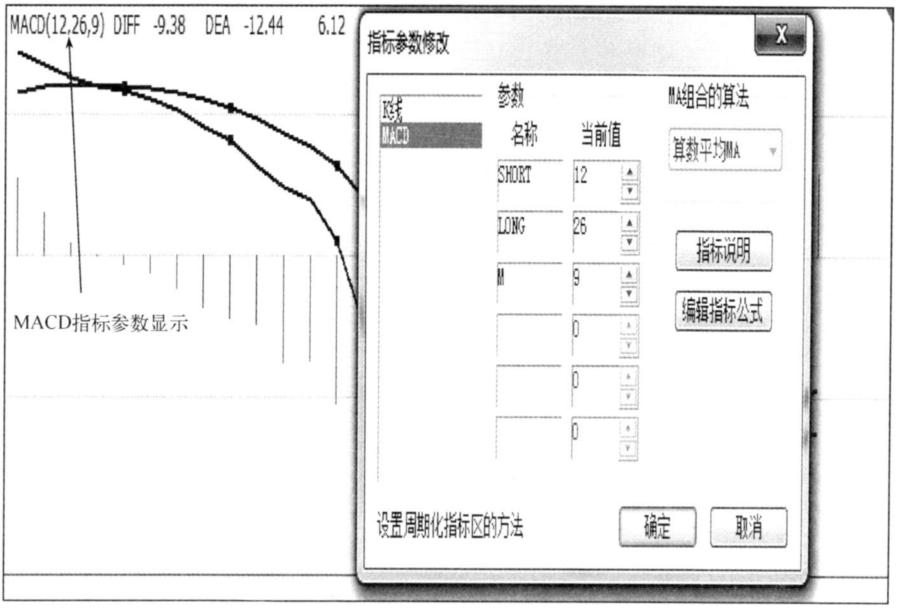

图 4-26

其中参数 12 和 26 是计算 DIFF 线时需要用到的，即 DIFF 线值等于 12 日 EMA 线减去 26 日 EMA 线。

其中参数 9 是在计算 DEA 时用到的，表示 DEA 线是 DIFF 线的 9 日指数平均线。

之所以上述三个参数作为默认的参数，是因为 MACD 指标来源于国外，在早期的国外股市，每周有 6 个交易日，每月大约有 26 个交易日。所以，MACD 指标中的 DIFF 线就相当于最近两周平均股价减去最近一个月平均股价，而 DEA 线的计算参数 9 是一周半。

MACD 设置技巧：

(1)前两个参数的数值越小，则 DIFF 线的波动幅度就越大，其信号也会提前。

如图 4-27 所示，上边一个 MACD 指标的参数为(12, 26, 9)，下边一个 MACD 指标的参数为(6, 13, 9)，从图中来看，下边的 MACD 指标中，DIFF 线波动频繁，两条指标线的金叉死叉次数与原来参数比较明显增加，且金叉死叉信号提前。

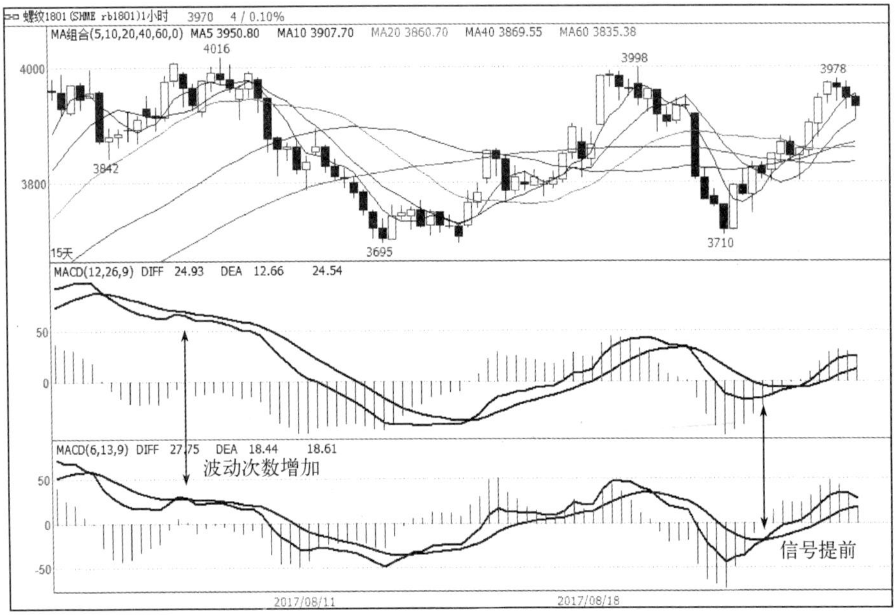

图 4-27

(2)前两个参数的数值越大，DIFF 线的波动幅度就会越平缓。

如图 4-28 所示，图中上边一个 MACD 指标的参数为(12, 26, 9)，下边一个 MACD 指标的参数为(24, 52, 9)。从图中可以看出，如果将前两个参数变大，则 MACD 指标的两条曲线的波动会变得非常平缓，同时 MACD 柱线长度的变化也不大。

(3)最后一个参数越大，金叉和死叉形态准确度会增加，但会相应的比较滞后。

如图 4-29 所示，上边一个 MACD 指标的参数为(12, 26, 9)，下边一个 MACD 指标的参数为(12, 26, 18)。从图中可以看出，下

文华商品(亚洲指数 7186)日线 154.84 2.08 / 1.36%
161.59
144.24
136.08
MACD(12,26,9) DIFF -1.62 DEA -1.44 -0.37
MACD(24,52,9) DIFF -2.98 DEA -2.89 -0.16
2017/03
2017/04
2017/05

图 4-28

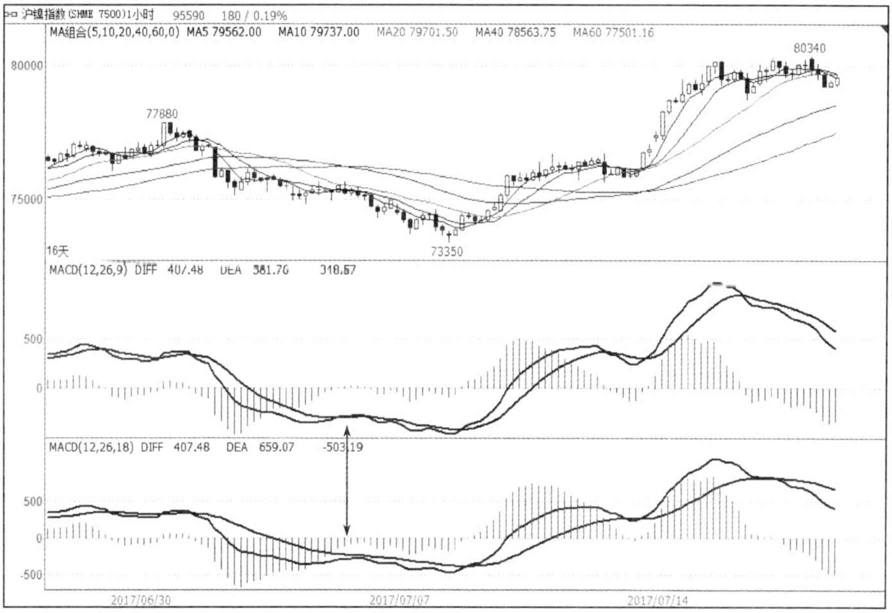
沪镍指数(SHME 7500)1小时 95590 180 / 0.19%
MA组合(5,10,20,40,60,0) MA5 79562.00 MA10 79737.00 MA20 79701.50 MA40 78563.75 MA60 77501.16
80340
77880
73350
MACD(12,26,18) DIFF 407.48 DEA 659.07 -503.19
2017/06/30
2017/07/07
2017/07/14

图 4-29

边的 MACD 指标金叉信号质量比上边的要好，但是下边的 MACD 指标要比上边的发出信号的时间滞后。

4.2 MACD 指标金叉与死叉

4.2.1 MACD 指标的金叉

当 MACD 指标中 DIFF 线向上突破 DEA 线时，两者就形成了 MACD 指标的金叉形态，此时的 MACD 柱线柱体为红色，如图 4-30 所示。

图 4-30

MACD 指标金叉，表明市场下跌的速度减慢，或者是上涨的速度加快，市场上的多方力量持续增强，为上升趋势中看涨买入开仓信号或者是下跌趋势中空单减仓或平仓的信号。

价格在 0 轴上方持续运行说明中期上涨趋势明朗(反之，说明中期跌势)，所以 MACD 金叉可分为 0 轴之下金叉(图 4-31)、0 轴之上金叉

(图 4-32)和 0 轴附近金叉(图 4-33)等三种形态金叉。

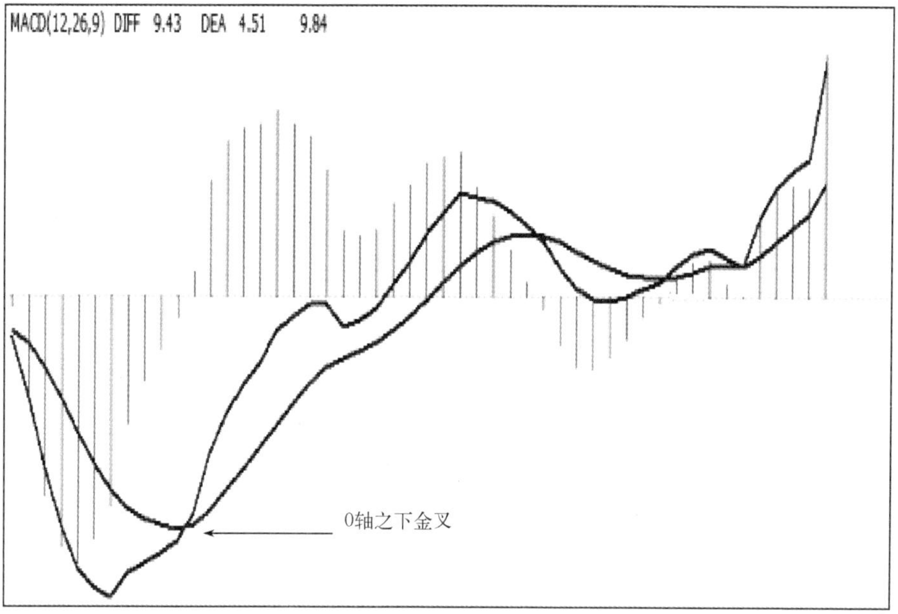

图 4-31

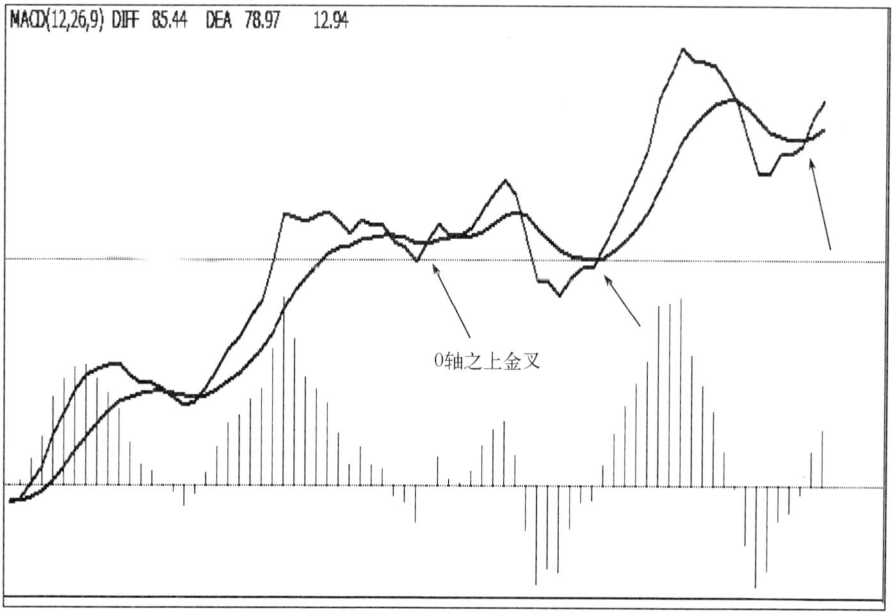

图 4-32

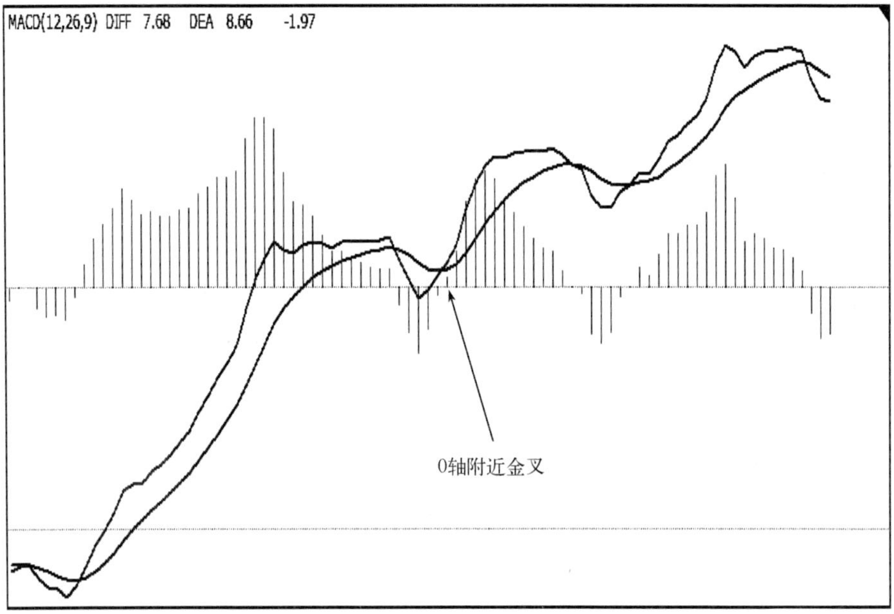

图 4-33

第一，0 轴之下的金叉（图 4-34），一般情况代表市场下跌的速度减慢，下跌行情中有反弹，如果出现在 0 轴下方并且远离 0 轴，此时的金叉，仅仅是一次价格下跌的短期反弹，是否为真正的反转，还要看后市的行情发展，一般遇到这种信号，不开多单，空单的可适量减仓。

如图 4-35 所示，2015 年 7 月 13 日，沪锌指数合约日线图 MACD 指标 0 轴之下发生金叉，由于沪锌前期经过一轮流畅下跌，还属于下跌趋势当中，此时 0 轴之下的 MACD 金叉大概率属于短期向上回调，所以这时的 MACD 金叉可以作为空单减仓依据但不能作为多单开仓依据。

第二，0 轴附近的金叉（图 4-36），如果上涨趋势已经确立，MACD 在 0 轴附近形成金叉，那么此时往往是投资者买入的绝佳时机，因为上涨趋势确定后，0 轴附近金叉预示着前期上涨趋势调整即将结束，新的一波上涨行情大概率开始启动。

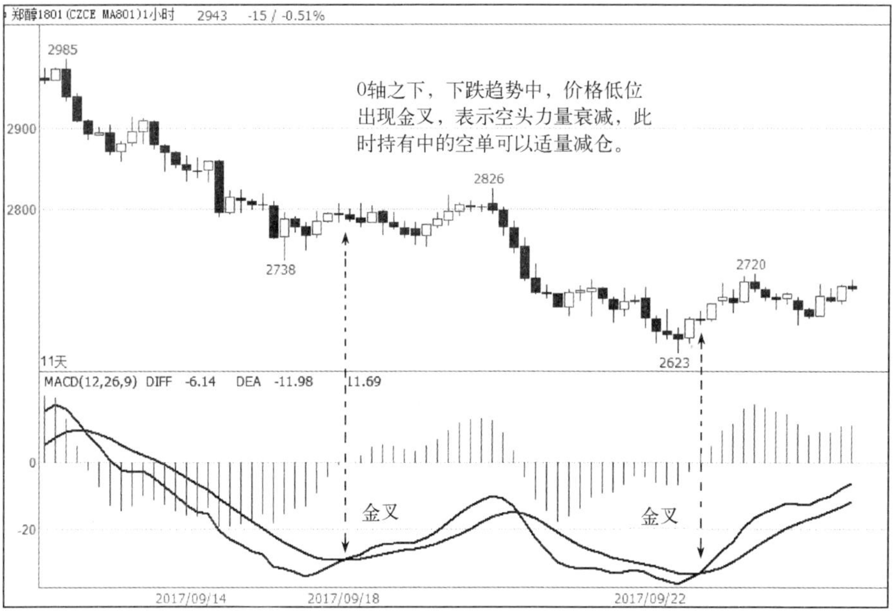
郑醇1801 (CZCE MA801)1小时 2943 -15 / -0.51%
2985
0轴之下，下跌趋势中，价格低位出现金叉，表示空头力量衰减，此时持有中的空单可以适量减仓。
2900
2826
2800
2738
2720
2623
11天
MACD(12,26,9) DIFF -6.14 DEA -11.98 11.69
0
-20
金叉
金叉
2017/09/14
2017/09/18
2017/09/22

图 4-34

17470
下跌趋势
16365
16000
15800
15000
14510
14285
0轴之下金叉
MACD(12,26,9) DIFF -279.16 DEA -249.83 -58.65
200
0
-200

图 4-35

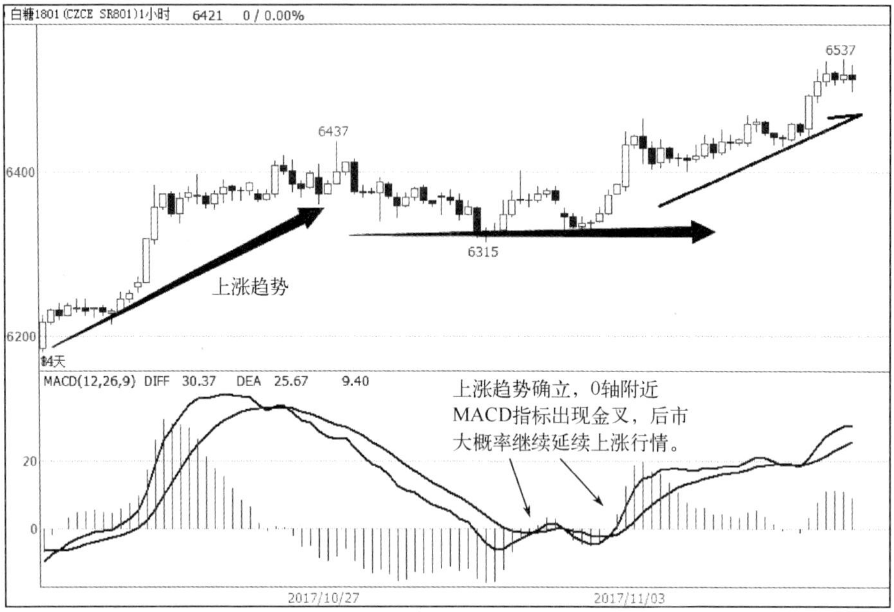

图 4-36

在实战操作当中，如图 4-37 所示，0 轴附近金叉的运用首先要确定上涨趋势，在 0 轴附近金叉前的一段时间，行情有一波涨幅，此时 0 轴附近金叉看涨信号强烈。如果在盘整行情中，MACD 指标往往会频繁发出买卖信号，暂时处于失效状态，此时出现 0 轴附近金叉并不能保证接下来出现一波上涨趋势。

第三，0 轴之上的金叉(图 4-38)，一般情况代表市场多头强烈，根据金叉所在 0 轴上方的位置制定具体的交易计划，如果 MACD 指标金叉发生在处于距离 0 轴较远的高位，一般出现在价格上涨过程的回调走势中，代表回调结束，价格即将开始重新延续上涨趋势，一般这种高位金叉的信号，是比较好的加仓信号。

实际中，如图 4-39 所示，当上涨趋势形成，价格上涨并持续较长一段时间后，MACD 指标形成 0 轴之上的金叉，一般大概率后面的上涨行情会加速运行。

如图 4-40 所示，0 轴之下金叉、0 轴附近金叉和 0 轴之上金叉，可以完整地形成一套可交易系统。行情起初是一波快速下跌，MACD

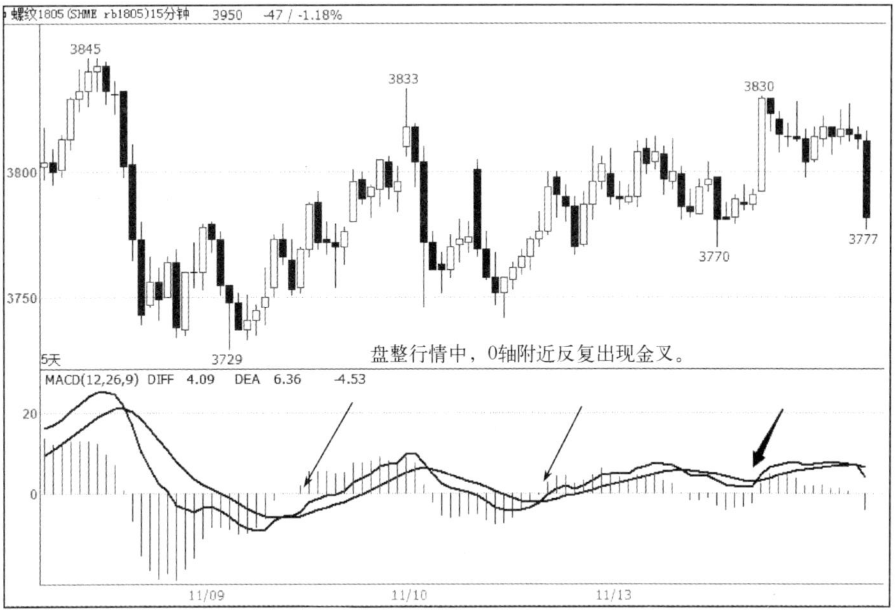
螺纹1805(SHME rb1805)15分钟 3950 -47 / -1.18%
3845
3833
3830
3800
3770
3777
3750
3729
5天
盘整行情中，0轴附近反复出现金叉。
MACD(12,26,9) DIFF 4.09 DEA 6.36 -4.53
20
0
11/09
11/10
11/13

图 4-37

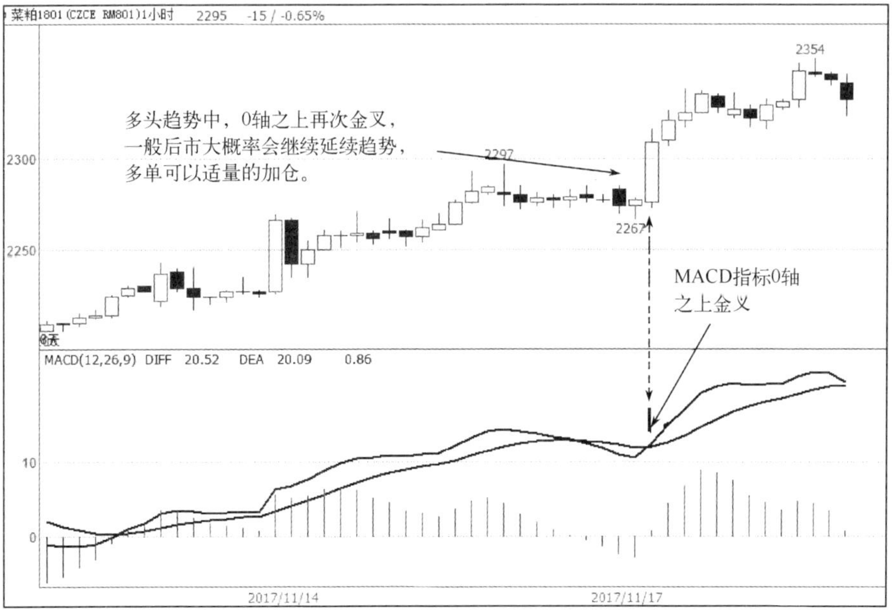
菜粕1801(CZCE RM801)1小时 2295 -15 / -0.65%
2354
多头趋势中，0轴之上再次金叉，
一般后市大概率会继续延续趋势，
多单可以适量的加仓。
2297
2300
2267
2250
MACD指标0轴
之上金叉
MACD(12,26,9) DIFF 20.52 DEA 20.09 0.86
10
0
2017/11/14
2017/11/17

图 4-38

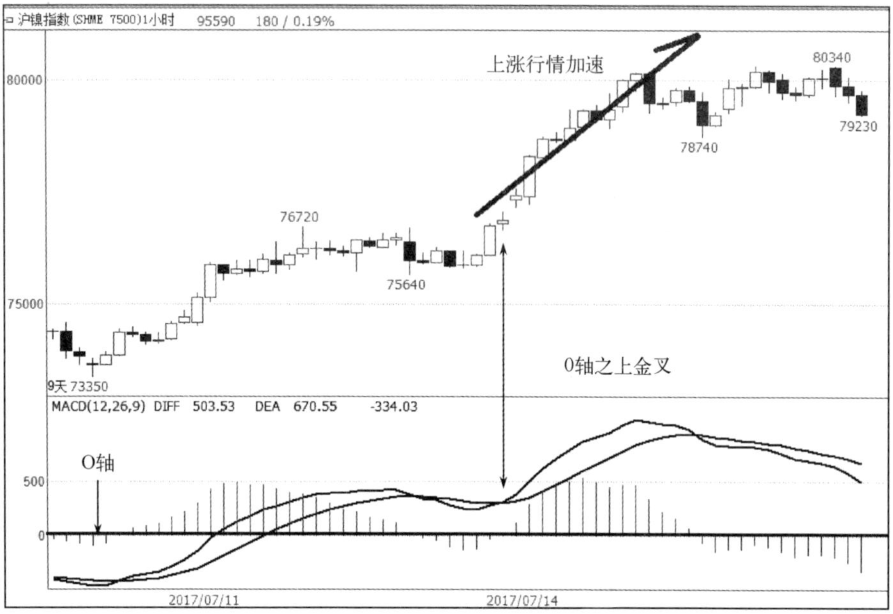
沪镍指数(SHME 7500)1小时 95590 180 / 0.19%
上涨行情加速
80340
80000
78740
79230
76720
75640
75000
0轴之上金叉
9天 73350
MACD(12,26,9) DIFF 503.53 DEA 670.55 -334.03
0轴
500
0
2017/07/11
2017/07/14

图 4-39

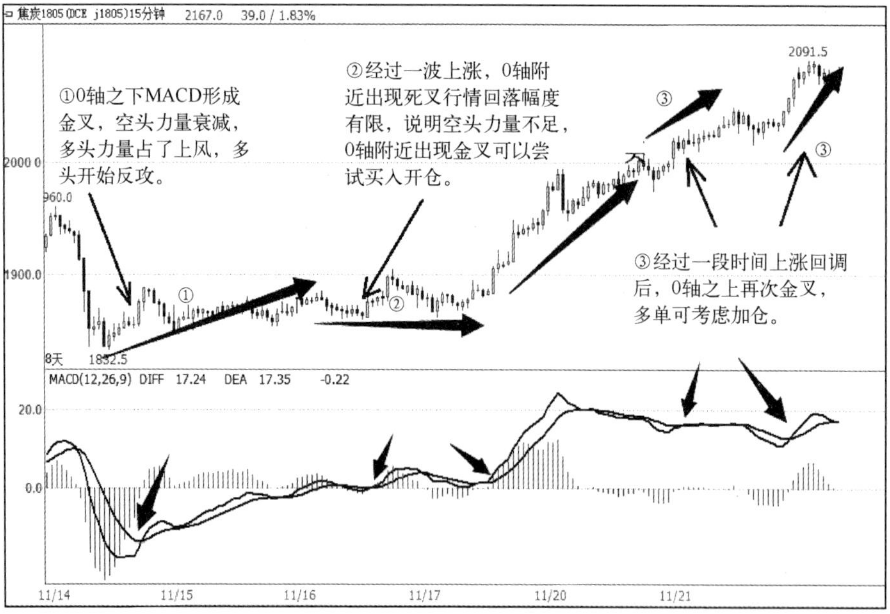
焦炭1805(DCE j1805)15分钟 2167.0 39.0 / 1.83%
2091.5
①0轴之下MACD形成金叉，空头力量衰减，多头力量占了上风，多头开始反攻。
②经过一波上涨，0轴附近出现死叉行情回落幅度有限，说明空头力量不足，0轴附近出现金叉可以尝试买入开仓。
③
③
①
②
③经过一段时间上涨回调后，0轴之上再次金叉，多单可考虑加仓。
2000.0
1900.0
8天 1832.5
MACD(12,26,9) DIFF 17.24 DEA 17.35 -0.22
20.0
0.0
11/14
11/15
11/16
11/17
11/20
11/21

图 4-40

指标在远离 0 轴的下方形成金叉，空头力量衰减，价格开始反弹，此时的金叉不能确定是短期的反弹还是价格的底部，所以观望等待后市的信号确认。当价格运行至 0 轴附近形成死叉后，价格并未向下运行，很短的时间内 MACD 再次形成金叉，此时可以确定行情下跌趋势结束，可以买入适量合约。行情开始出现向上运行，在上方出现小幅调整后，MACD 指标再次形成金叉，此时 0 轴上方出现金叉，控制好仓位，可以适量加仓。

4.2.2 MACD 指标的死叉

当 MACD 指标中 DIFF 线向下跌破 DEA 线时，两者就形成了 MACD 指标的死叉形态，此时的 MACD 柱线柱体为绿色，如图 4-41 所示。

图 4-41

MACD 指标死叉，表明市场上涨的速度减慢，或者是下跌的速度加快，市场上的空方力量持续增强，为下跌趋势中看空买入开仓信号或者是上涨趋势中多单减仓或平仓的信号。

MACD 死叉可分为 0 轴之上死叉（图 4-42）、0 轴之下死叉（图

4-43）和0轴附近死叉（图4-44）等三种形态死叉。

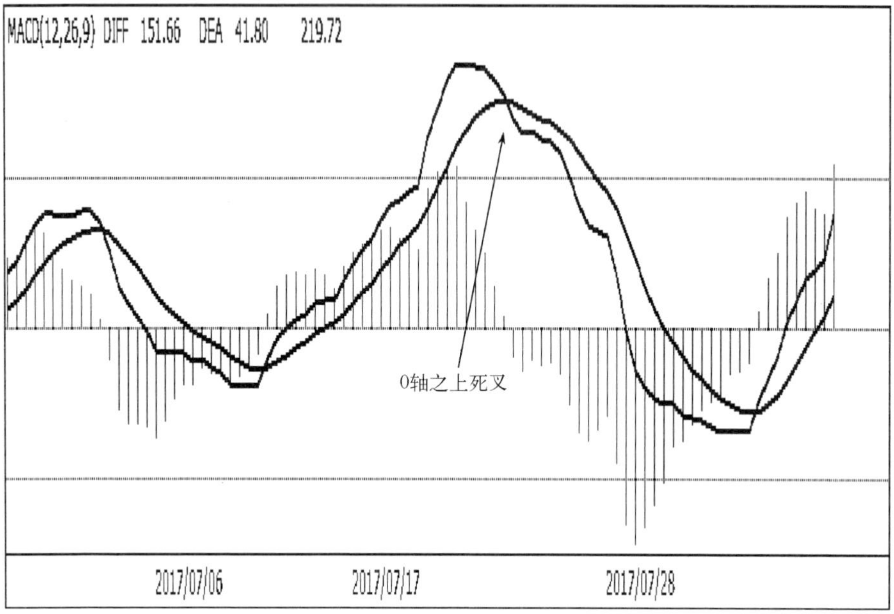

图4-42

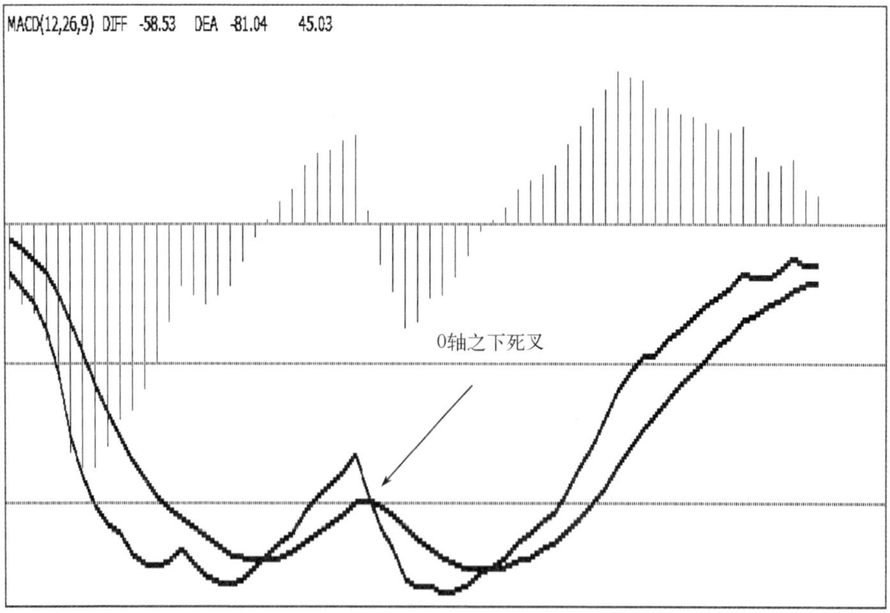

图4-43

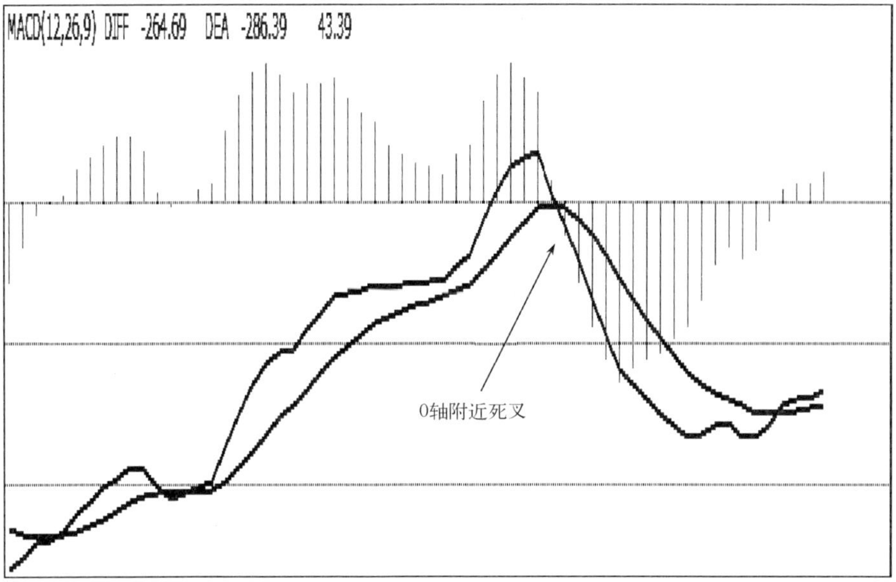

图 4-44

第一，0 轴之下的死叉(图 4-45)，一般出现在下跌趋势中向上反弹结束时，因此一般情况下可作为空单的开仓位置或者加仓的位置。

图 4-45

实际操作中，如图 4-46 所示，当下跌趋势形成，价格下跌并持续较长一段时间后，MACD 指标形成 0 轴之下的死叉，一般大概率后面的下跌行情会加速运行。

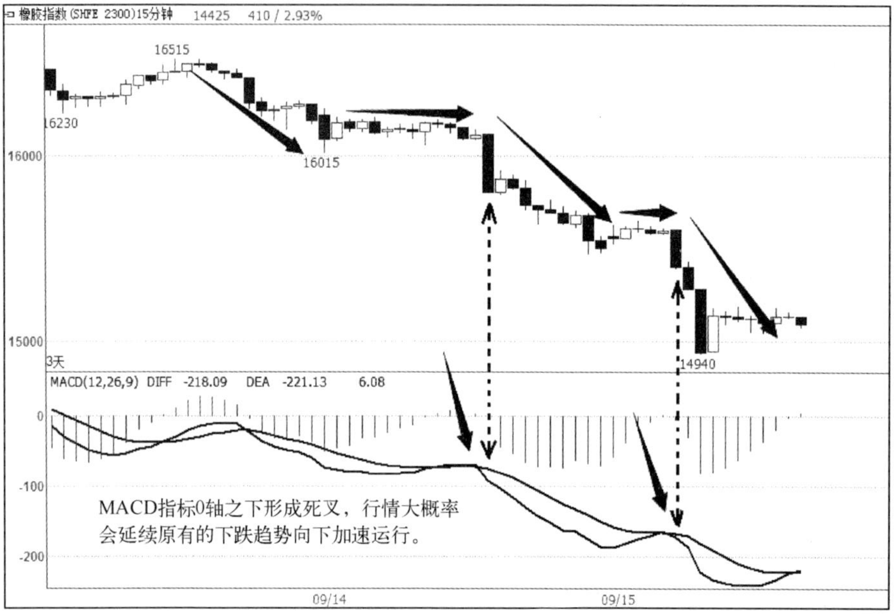

图 4-46

第二，0 轴附近的死叉，如果下跌趋势已经确立，MACD 在 0 轴附近形成死叉，那么此时往往是投资者卖出的绝佳时机，因为下跌趋势确定后，0 轴附近死叉预示着前期下跌趋势中的反弹即将结束，新的一波下跌行情大概率开始启动，如图 4-47 所示。

如图 4-48 所示，应该注意的是，0 轴附近金叉的运用首先要确定是下跌趋势，在 0 轴附近金叉前的一段时间，行情有一波跌幅，此时 0 轴附近死叉看空信号强烈，如果在盘整行情中，MACD 指标往往会频繁发出买卖信号，暂时处于失效状态。正因为如此，在利用 0 轴附近的死叉时，投资者一定要搞清楚原有趋势。震荡盘整的行情中 0 轴附近出现死叉并不能保证接下来出现一波下跌趋势，概率会大大的降低。

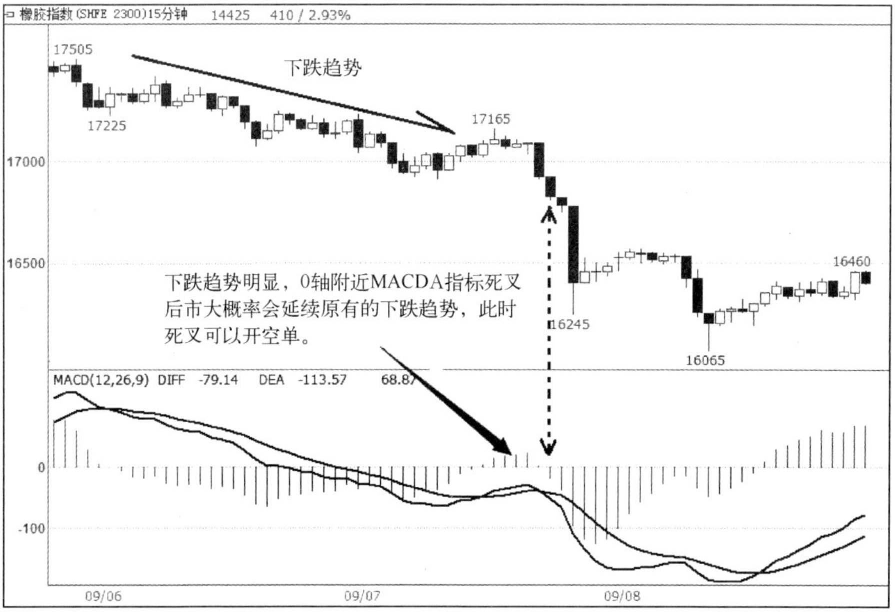
橡胶指数(SHFE 2300)15分钟 14425 410 / 2.93%
17505
下跌趋势
17225
17165
17000
16500
下跌趋势明显，0轴附近MACDA指标死叉
后市大概率会延续原有的下跌趋势，此时
死叉可以开空单。
16245
16460
16065
MACD(12,26,9) DIFF -79.14 DEA -113.57 68.87
0
-100
09/06
09/07
09/08

图 4-47

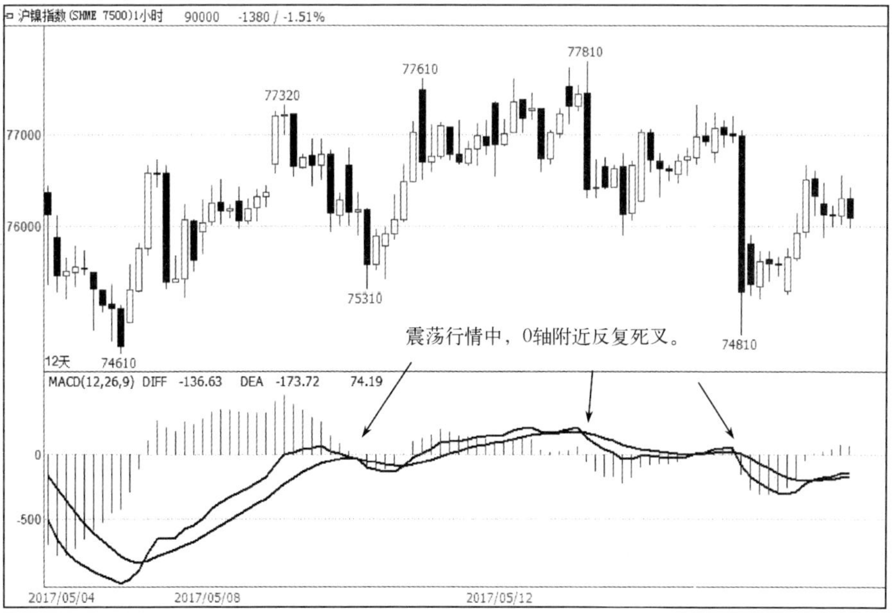
沪镍指数(SHME 7500)1小时 90000 -1380 / -1.51%
77810
77610
77320
77000
76000
75310
震荡行情中，0轴附近反复死叉。
74810
12天
74610
MACD(12,26,9) DIFF -136.63 DEA -173.72 74.19
0
-500
2017/05/04
2017/05/08
2017/05/12

图 4-48

第三，0 轴之上的死叉(图 4-49)，0 轴之上高位的死叉，一般出现在上涨回调过程中，之后的市场行情往往会再次延续原来的上涨趋势，所以遇到 0 轴之上的死叉不建议急于做空，但是可以作为多单的减仓点。

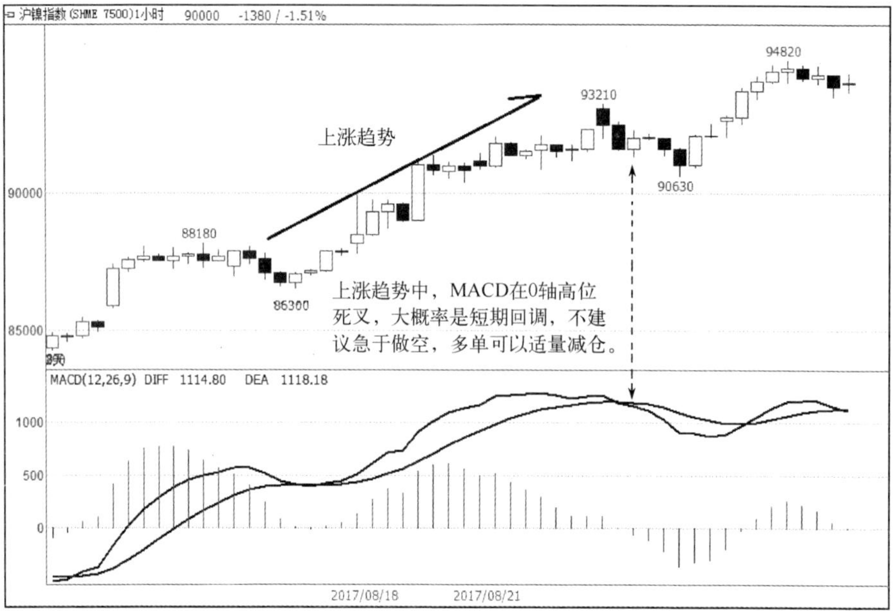

图 4-49

4.3 指标背离

当 MACD 指标的趋势方向与合约价格的走势不一致的时候，两者就产生了背离状态。

背离可以分为底背离和顶背离两种。

4.3.1 底背离

在一轮持续下跌的行情中，价格逐步向下走低，低点一个比一个低，而同期的 MACD 指标不但没有相应的创出新低，反而向上越走越高，低点一个比一个高，形成底背离的状态。

底背离又包括 DIFF 线与价格的底背离和 MACD 柱线与价格的底背离。

如图 4-50 所示，当价格在下跌过程中连续创出新低时，如果 DIFF 线没有创出新低，反而越走越高，就形成了价格与 DIFF 线的底背离形态。

图 4-50

例如，沪镍指数合约 2018 年 1 月 19 日 1 小时周期图中(图4-51)，沪镍指数合约价格向下突破前期低点，但是 DIFF 线并没有跟随价格新低创出 DIFF 线的新低，所以此时形成了 MACD 指标与 DIFF 线的底背离，说明行情有见底迹象，需要后面进一步确认之后，例如 DIFF 线上破 0 轴或者 DEA 线上破 0 轴可以少量轻仓位做多。

如图 4-52 所示，当价格在下跌过程中连续创出新低时，如果 MACD 指标绿色柱线没有持续变长，反而形成了越来越短的形态，就形成了价格与 MACD 柱线的底背离形态。

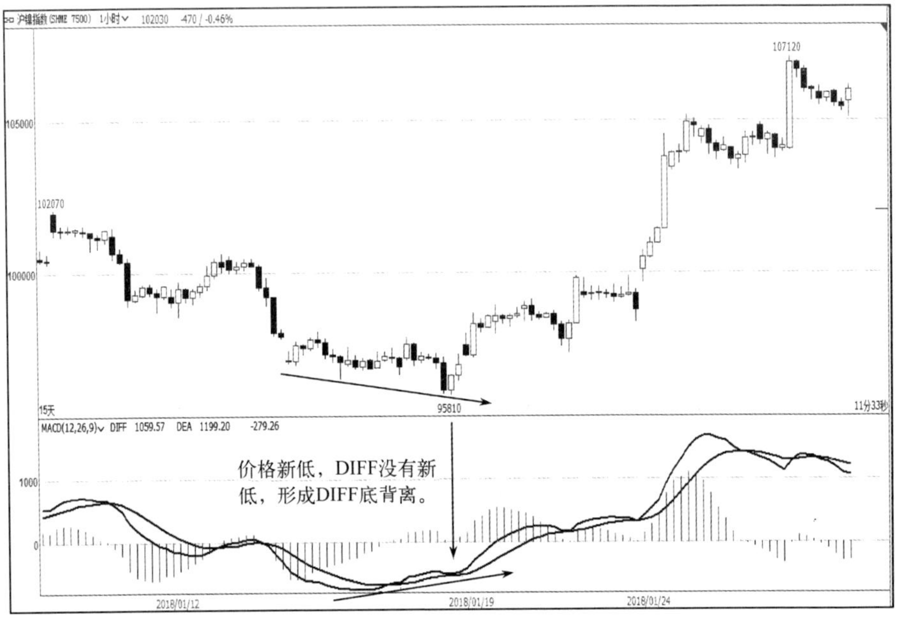

沪镍指数(SHME 7500) 1小时 102030 -470 / -0.46%
107120
105000
102070
100000
95810
15天
11分33秒
MACD(12,26,9) DIFF 1059.57 DEA 1199.20 -279.26
价格新低，DIFF没有新低，形成DIFF底背离。
1000
0
2018/01/12
2018/01/19
2018/01/24

图 4-51

螺纹指数(SHME 6880)日线 4022 -15 / -0.37%
3616
3623
3500
3356
3294
3319
3149
3000
47天
价格与MACD柱线背离
2780
MACD(12,26,9) DIFF -42.75 DEA -80.23 74.95
0
-100
2017/03
2017/04

图 4-52

例如，如图4-53所示，PVC指数合约2017年9月份和10月份，PVC指数价格一路下跌，不断创出新低，MACD柱线2017年9月22日创出新低之后没有跟随价格的下跌而继续创出新低，说明空头力量开始衰减，短期有见底现象，空单可以适当减仓，由于空头趋势强劲，即使有底背离，大概率也是震荡调整，之后大概率还会继续延续空头趋势行情继续下行。所以一般遇到MACD底背离，可以作为空单的平仓或者减仓信号，不建议作为多单开仓依据。

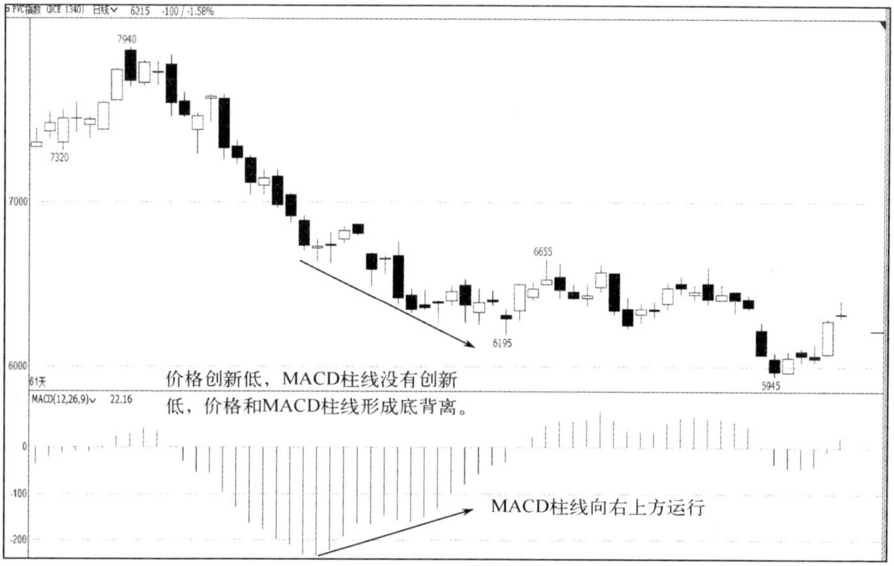

图4-53

当价格下跌一段时间之后的底部区域，也会出现价格不但与MACD柱线发生底背离，同时与DIFF线发生底背离。

与DIFF线相比，MACD柱线对市场上多空能量的变化要更加敏感。如图4-54所示，当两个指标线与价格同时底背离时，MACD绿色柱线往往会首先变短，之后DIFF线才会见底反弹。

在实战当中，值得注意的是，MACD指标与价格的底背离可以用作空单减仓或者平仓的信号依据，切不可盲目运用底背离去抄底做多，底背离之后还有可能继续出现底背离，所以最安全的做法是等待底部确认之后，再进场做多单，如图4-55所示。

沪锌指数(SHME 2230)1小时 25130 370 / 1.49%
26165
25720
25955
25295
26000
25500
10天
MACD(12,26,9) DIFF 54.96 DEA 44.75 20.42
价格与MACD柱线底背离。
价格与DIFF柱
线底背离。
100
0
-100
2017/11/02
2017/11/06
2017/11/10

图 4-54

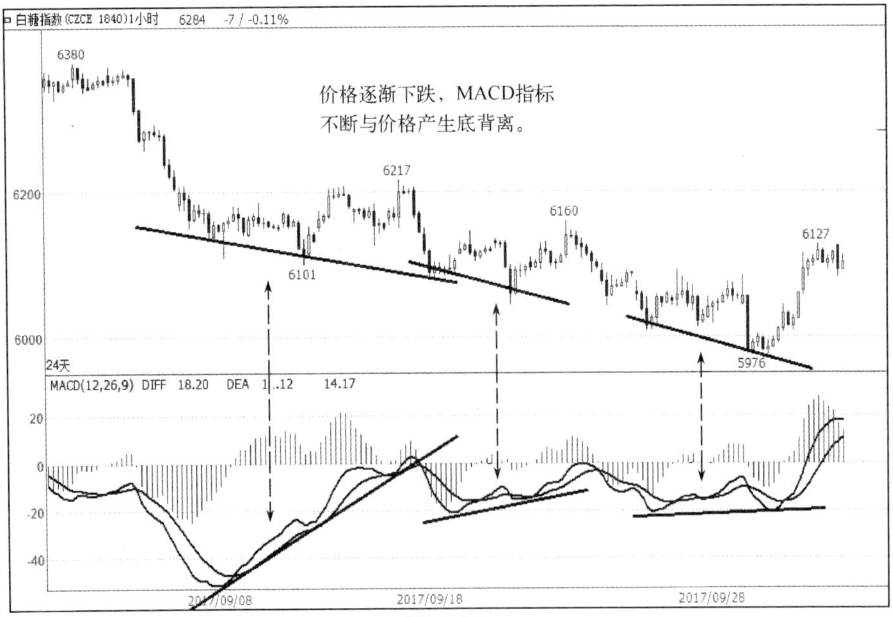
白糖指数(CZCE 1840)1小时 6284 -7 / -0.11%
6380
价格逐渐下跌，MACD指标
不断与价格产生底背离。
6217
6160
6127
6101
5976
6200
6000
24天
MACD(12,26,9) DIFF 18.20 DEA
14.17
20
0
-20
-40
2017/09/18
2017/09/28

图 4-55

4.3.2 顶背离

在一轮持续上涨的行情中，价格逐步向上走高，高点一个比一个高，而同期的MACD指标不但没有相应的创出新高，反而越走越低，高点一个比一个低，形成顶背离的状态。

顶背离又包括DIFF线与价格的顶背离和MACD柱线与价格的顶背离。

如图4-56所示，当价格在上涨过程中连续创出新高时，如果DIFF线没有创出新高，反而越走越低，就形成了价格与DIFF线的顶背离形态。

图4-56

例如，如图4-57所示，2017年9月4日PVC指数合约日线创出新高，DIFF线没有创出新高，反而是比前期DIFF线还要低，形成了MACD指标和DIFF线顶背离，说明多头力量减弱，上涨动力不足，持有多单的情况下可以适当减仓或者平仓，空单可以暂时观望等待进一步顶部确认，比如DIFF线或者DEA线向下突破0轴等，因为行情

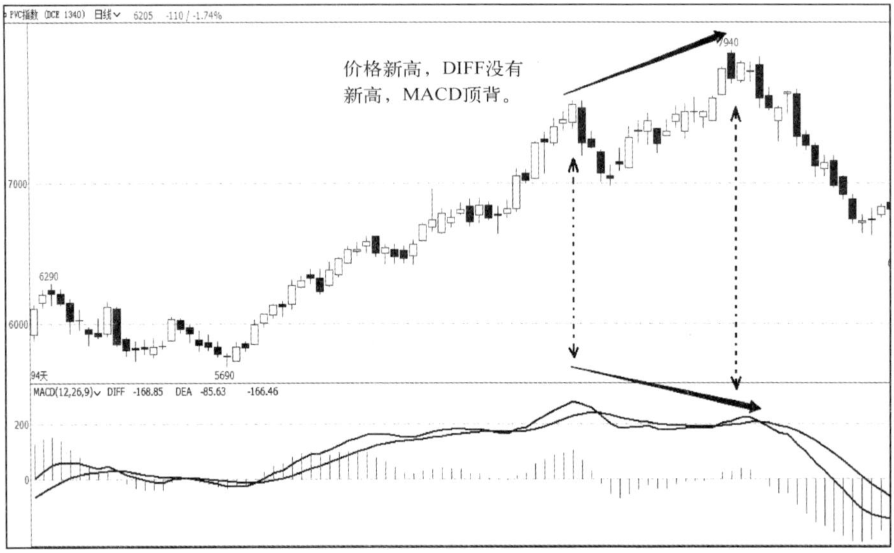

图 4-57

原有的趋势是向上的，顶部形成之后大概率不会出现急速下跌，总是需要一个时间确认过程。

当价格在上涨过程中连续创出新高时，如果 MACD 指标红色柱线没有持续变长，反而形成了越来越短的形态，就形成了价格与 MACD 柱线的顶背离形态，如图 4-58 所示。

例如，如图 4-59 所示，塑料指数合约日线图 2016 年 11 月 11 日价格创出新高后，MACD 柱线却没有跟随价格上涨而向右上方运行，却是向右下方运行，说明多头力量衰竭，行情短期见顶，如果前期持有多单可以适当减仓或者平仓。

当价格上涨一段时间之后的顶部区域，也会出现价格不但与 MACD 柱线发生顶背离，同时与 DIFF 线发生顶背离。

如图 4-60 所示，当两个指标线与价格同时顶背离时，MACD 红色柱线往往会首先变短，之后 DIFF 线才会见顶回调。

在实战当中，MACD 指标与价格的顶背离可以用作多单减仓或者平仓的信号依据，切不可盲目地运用顶背离去抄顶做空，顶背离之后有可能还会出现顶背离，所以要确定顶部形成之后，再进场做空单，如图 4-61 所示。

螺纹指数(SHME 6880)日线 4022 -15 / -0.37%
2561
2500
2175
2023
2000
2247
价格与MACD柱线顶背离。
MACD(12,26,9) DIFF 59.30 DEA 77.48 -36.38
50
0
-50
2016/06
2016/07

图 4-58

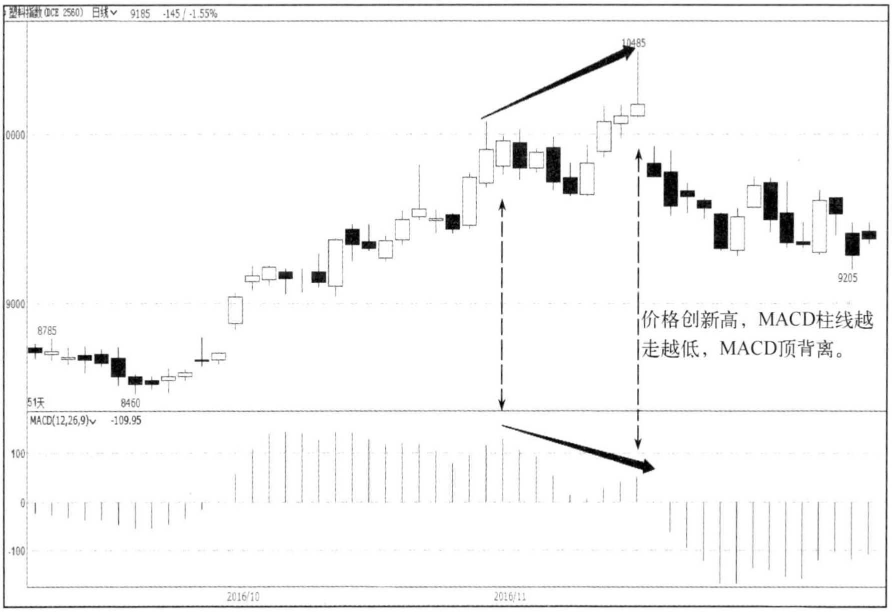
塑料指数(DCE 2560) 日线 9185 -145 / -1.55%
10485
9000
8785
8460
9205
价格创新高，MACD柱线越走越低，MACD顶背离。
MACD(12,26,9) -109.95
100
0
-100
2016/10
2016/11

图 4-59

橡胶指数(SHFE 2300)1小时 14425 410 / 2.93%
16255
15770
16000
价格与MACD柱线顶背离。
14865
价格与DIFF线顶背离。
14000
MACD(12,26,9) DIFF 119.61 DEA 138.12 -17.01
200
0
2017/07/31
2017/08/07
2017/08/14

图 4-60

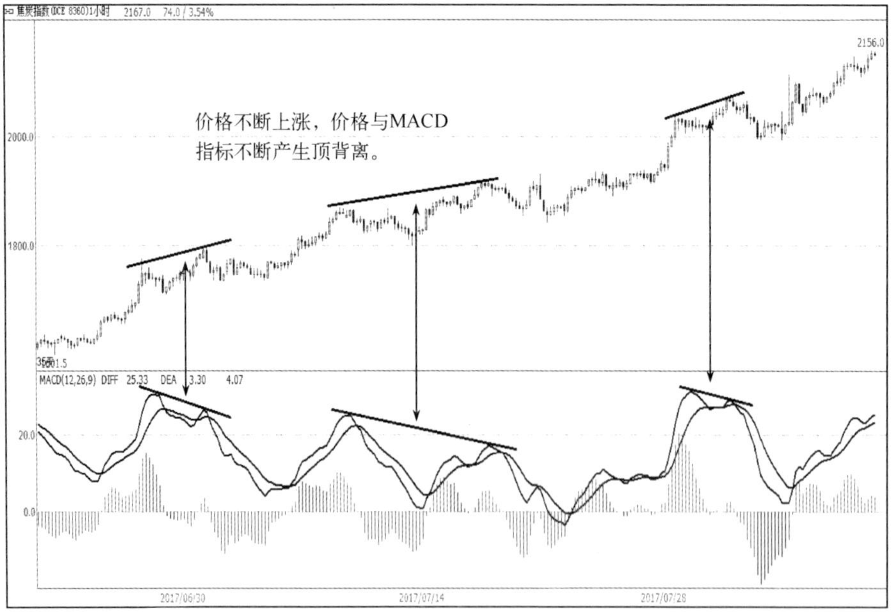
焦炭指数(DCE 8360)1小时 2167.0 74.0 / 3.54%
2156.0
价格不断上涨，价格与MACD
指标不断产生顶背离。
2000.0
1800.0
MACD(12,26,9) DIFF 25.33 DEA 3.30 4.07
20.0
0.0
2017/06/30
2017/07/14
2017/07/28

图 4-61

4.4 MACD 背离战法——顺大逆小

MACD 背离战法系统是顺着大周期的方向，用小周期 MACD 底背离或者顶背离进行抄底摸顶的交易系统，利用顶背离和底背离开仓，止损较小，开仓价格相对安全，在第一次开仓成功之后，可以选择加仓，但是加仓有一定难度，不同形态要有不同的应对，相比较而言，普通投资者学习不加仓的方式更加容易成功一些，首先不加仓，成功率会比加仓高一些，较稳定一些，对执行者的心态要求没有过于严格；当然加仓也有加仓的利处，当加仓遇到趋势性单边行情时，一波趋势下来是有可能出现翻几倍的行情，但是加仓的技术方法比较复杂，不仅需要叠加其他指标，需要更多周期，还有很多的其他形态，超出了 MACD 指标的范围，涉及的方面比较多，需要用多张图片表达一个点，很难用文字语言完整表述出来，系统的表述不完整会误导学习者，所以在这一节里，我们就只讲述不加仓的系统方法，一次性开仓一次性平仓。

4.4.1 开仓标准

首先要根据资金情况选择要操作的周期级别，大周期与小周期之间的倍数在 6 到 12 倍之间，例如以 30 分钟作为大级别 3 分钟为小级别做日内交易，或者以 4 小时为大级别 30 分钟为小级别做波段操作也可以，我们以 1 小时为大级别，10 分钟为小级别进行举例，当大级别 1 小时 MACD 指标快钱 DIFF 线在 0 轴之上时，大级别 1 小时趋势为多头，对应小级别 10 分钟只找多单做，不找空单做；当 DIFF 线在 0 轴之下时，大级别 1 小时趋势为空头，对应小级别 10 分钟只找空单做，不找多单做。

举例说明，当1小时为多头趋势时，我们要在10分钟图中寻找底背离做多，如图4-62所示，图中左边为锰硅1805合约1小时图，2018年2月份MACD指标DIFF线在0轴之上，1小时趋势为多头趋势，那么10分钟级别只能做多不能做空，2018年2月9日10分钟底背离形成，MACD指标发出金叉信号买入开仓入场。

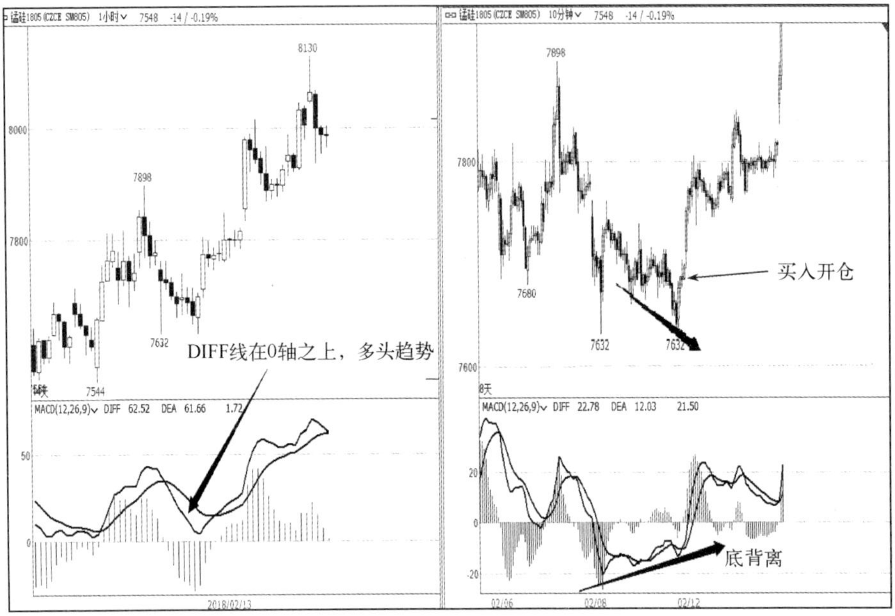

图4-62

当1小时为空头趋势时，我们要在10分钟图中寻找顶背离做空，如图4-63所示，图中左边为郑煤1805合约1小时图，2018年2月26日MACD指标DIFF线向下跌破0轴，1小时趋势转为空头趋势，10分钟级别只可做空不能做多，2018年3月2日MACD指标顶背离形成之后，MACD发出死叉信号卖出开仓进场。

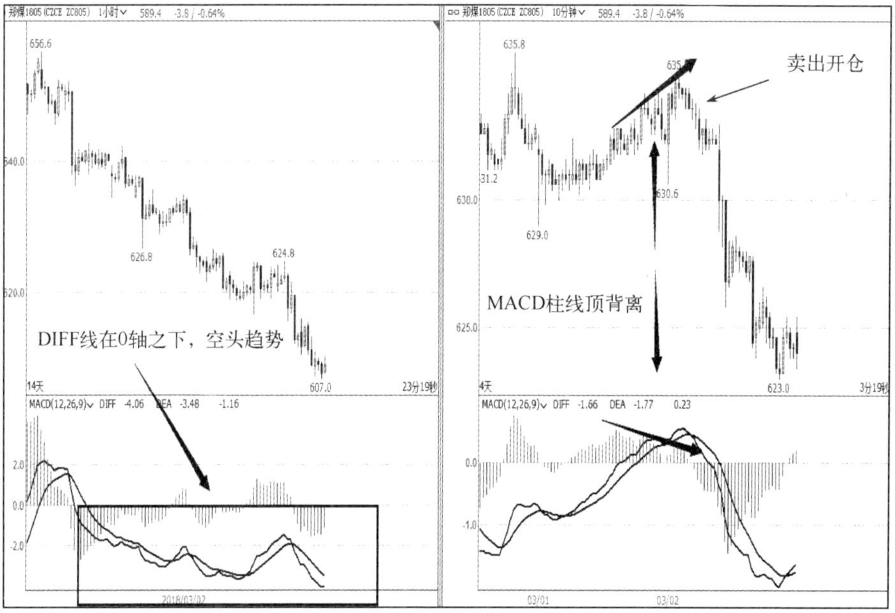

图 4-63

4.4.2 止损标准

多单止损标准：10 分钟 MACD 指标底背离开仓买入之后，以底背离信号发出后的低点作为止损点。

如图 4-64 所示，买入升仓之后，以开仓价下方的低点作为止损点。

空单止损标准：10 分钟 MACD 指标顶背离开仓卖出之后，以底背离信号发出后的高点作为止损点。

如图 4-65 所示，卖出开仓之后，以开仓价上方的高点作为止损点。

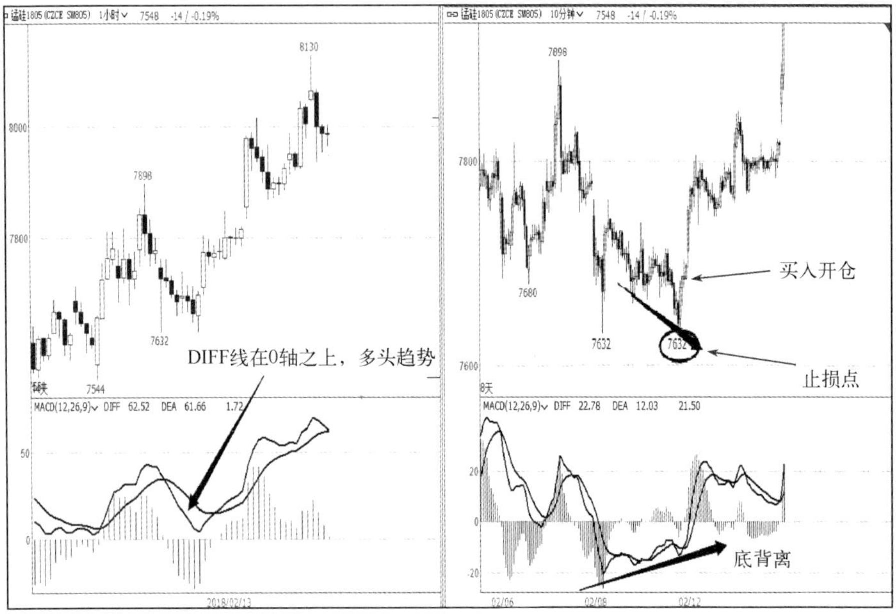
锰硅1805 (CZCE SM805) 1小时 7548 -14 / -0.19%
8130
8000
7898
7800
7632
7544
DIFF线在0轴之上，多头趋势
MACD(12,26,9) DIFF 62.52 DEA 61.66 1.72
50
0
2018/02/13
锰硅1805 (CZCE SM805) 10分钟 7548 -14 / -0.19%
7898
7800
7680
7632
7632
7600
买入开仓
止损点
MACD(12,26,9) DIFF 22.78 DEA 12.03 21.50
20
0
-20
底背离
02/06
02/08
02/12

图 4-64

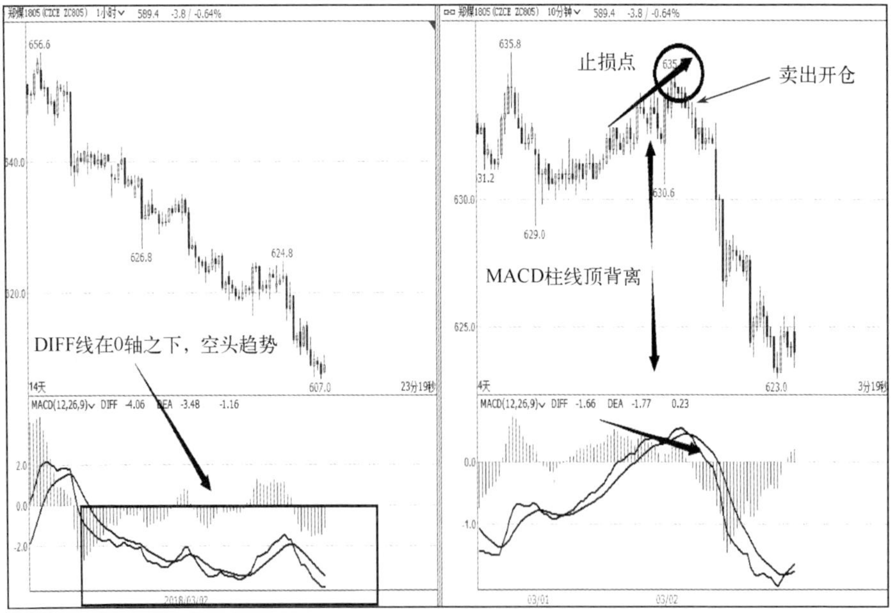
郑棉1805 (CZCE ZC805) 1小时 589.4 -3.8 / -0.64%
656.6
626.8
624.8
DIFF线在0轴之下，空头趋势
607.0
MACD(12,26,9) DIFF -4.06 DEA -3.48 -1.16
2.0
0.0
-2.0
2018/03/02
郑棉1805 (CZCE ZC805) 10分钟 589.4 -3.8 / -0.64%
635.8
止损点
卖出开仓
630.6
629.0
630.0
MACD柱线顶背离
625.0
623.0
MACD(12,26,9) DIFF -1.66 DEA -1.77 0.23
0.0
-1.0
03/01
03/02

图 4-65

4.4.3 仓位标准

由于系统开仓点是利用小周期 MACD 指标背离开仓，属于逆势操作，开仓之后，价格经常会再次创新高或创新低打掉止损，所以这里的仓位不宜过大，单品种开仓仓位最多不能超过总资金的 5%。

4.4.4 止盈标准

在单子没有止损的情况下，我们要有止盈标准，止盈标准分为两种，一种是用小周期 10 分钟出场，一种是用大周期 1 小时级别趋势结束之后出场，两种不同的出场方式，各有利弊，第一种出场方式快进快出，波段交易；第二种出场方式小周期进场止损小，大周期出场盈亏比高。

多单止盈标准：

(1)10 分钟 MACD 指标 DIFF 线下破 0 轴，如图 4-66 所示，2018 年 2 月 9 日 1 小时大级别为多头趋势，10 分钟 MACD 指标底背离后

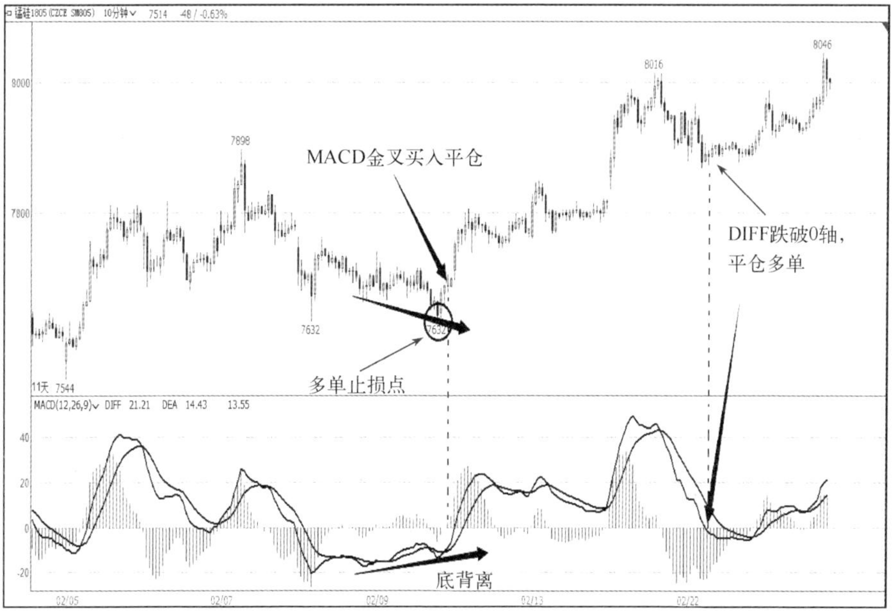

图 4-66

金叉买入开仓，以下方低点作为止损点，2018 年 2 月 22 日，10 分钟 MACD 指标 DIFF 线跌破 0 轴，止盈平仓。

(2)1 小时 MACD 指标 DIFF 线下破 0 轴，如图 4-67 所示，2018 年 2 月 9 日 1 小时大级别为多头趋势，10 分钟 MACD 指标底背离后金叉买入开仓，以下方低点作为止损点，2018 年 3 月 7 日，1 小时 MACD 指标 DIFF 线下破 0 轴，止盈平仓。

图 4-67

空单止盈标准：

(1)10 分钟 MACD 指标 DIFF 线上破 0 轴，如图 4-68 所示，2018 年 1 月 9 日 1 小时大级别为空头趋势，10 分钟 MACD 指标顶背离后死叉卖出开仓，以上方高点作为止损点，2018 年 1 月 12 日，10 分钟 MACD 指标 DIFF 线上破 0 轴，止盈平仓。

(2)1 小时 MACD 指标 DIFF 线上破 0 轴，如图 4-69 所示，2018 年 1 月 9 日 1 小时大级别为空头趋势，10 分钟 MACD 指标顶背离后死叉卖出开仓，以上方高点作为止损点，2018 年 1 月 25 日，1 小时 MACD 指标 DIFF 线上破 0 轴，止盈平仓。

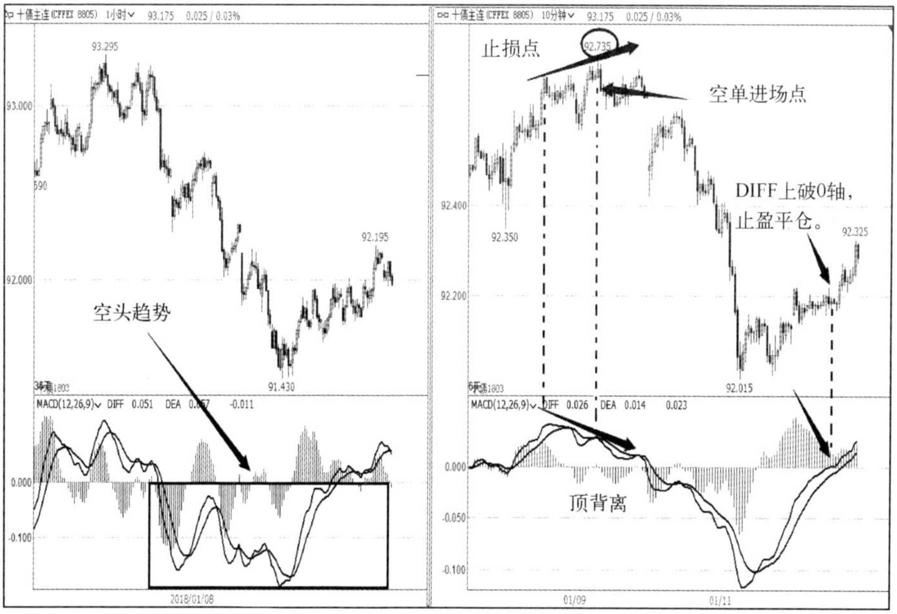
止损点
92.735
空单进场点
DIFF上破0轴，
止盈平仓。
空头趋势
顶背离

图 4-68

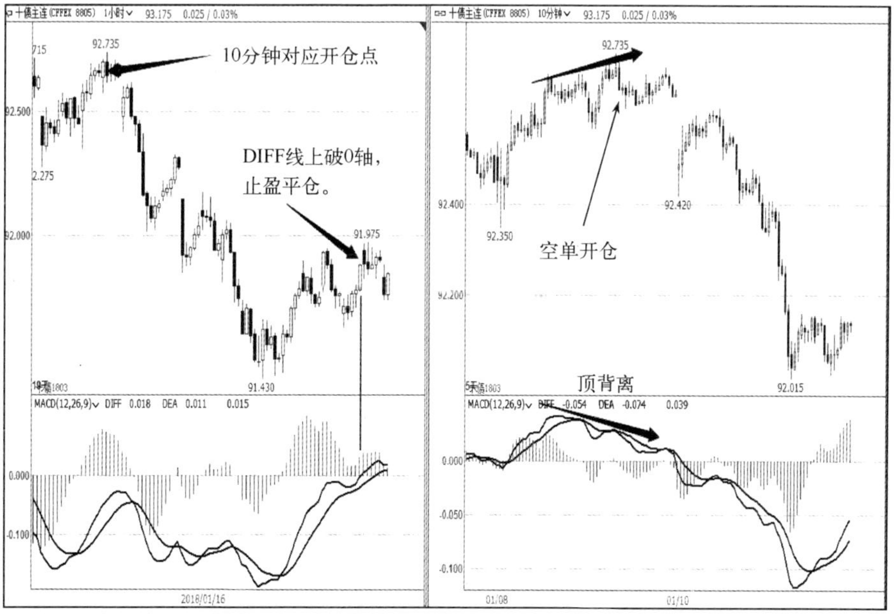
10分钟对应开仓点
DIFF线上破0轴，
止盈平仓。
空单开仓
顶背离

图 4-69

4.4.5 完整的交易举例

完整步骤如下：

开仓标准：1 小时多头趋势，10 分钟 MACD 指标底背离做多；1 小时级别空头趋势，10 分钟 MACD 指标顶背离做空。

止损标准：多单止损为 10 分钟底背离低点；空单止损为 10 分钟顶背离高点。

仓位标准：总资金的 5%。

止盈标准：10 分钟止盈和 1 小时止盈。

休息标准：无背离不交易，连续性多次止损休息。

周期转换：根据资金量和品种特性，调整周期级别。

例 1：

以 2018 年 2 月份豆一 1805 合约来举例(图 4-70)，2018 年 2 月 6 日，左边图中豆一 1805 合约 1 小时 MACD 指标的快线 DIFF 线上破 0 轴，1 小时趋势转为多头趋势，确定趋势后在右图 10 分钟上面寻找

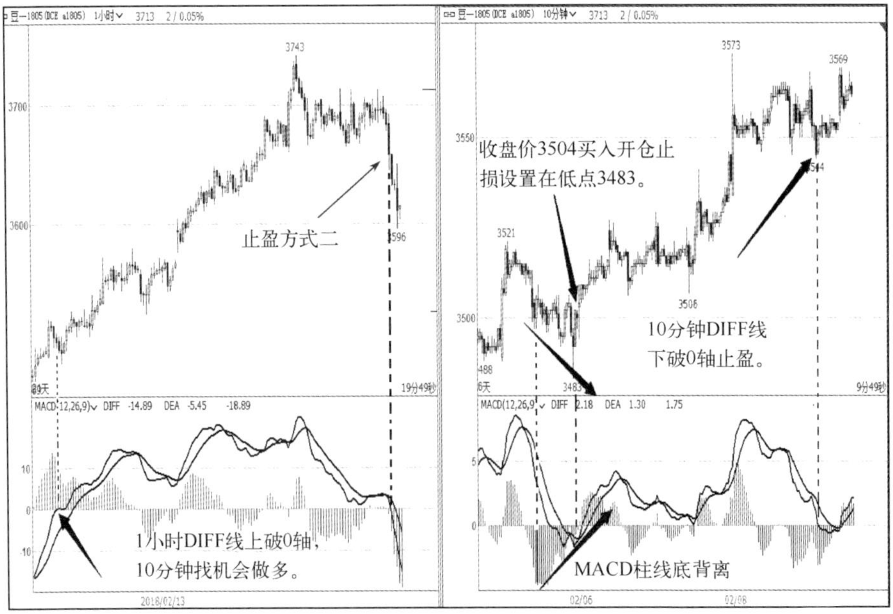

图 4-70

MACD 指标底背离信号，2018 年 2 月 6 日当天，10 分钟 MACD 形成 MACD 柱线底背离，当 MACD 金叉信号发出，以收盘价 3504 买入开仓，以 100 万账户举例，豆一 1805 合约保证金在 3000 元左右，仓位占比总资金 5%，则可以开仓 16 手，止损设置在 10 分钟开仓价下方低点 3483，一手止损约 210 元，16 手合约总止损约为 3360 元。止盈可以分为两种方法：第一种，2018 年 2 月 9 日，豆一 1805 合约 10 分钟 MACD 指标 DIFF 线向下跌破 0 轴，以当根 K 线收盘价 3545 止盈平仓，16 手共盈利 6560 元；第二种止盈方式，2018 年 3 月 9 日，豆一 1805 合约 1 小时 MACD 指标 DIFF 线向下跌破 0 轴，1 小时趋势开始由多头趋势转为空头趋势，以当根 K 线收盘价 3659 止盈平仓，16 手合约共盈利 40640 元。

一个完整的交易操作为：

开仓标准：2018 年 2 月 6 日，1 小时趋势转为多头趋势，10 分钟 MACD 指标底背离后指标发出金叉信号买入开仓。

止损标准：买入开仓后下方的最低价。

仓位标准：总资金 5%仓位，开仓 16 手。

止盈标准：止盈方式一：2018 年 2 月 9 日，10 分钟 MACD 指标 DIFF 线下破 0 轴，止盈平仓；止盈方式二：2018 年 3 月 9 日，1 小时 MACD 指标 DIFF 线下破 0 轴，止盈平仓。

例 2：

以 2018 年 2 月份郑油 1805 合约来举例（图 4-71），2018 年 2 月 23 日，左边图中 1 小时 MACD 指标的快线 DIFF 线上破 0 轴，1 小时趋势转为多头趋势，确定趋势后在右图 10 分钟上面寻找 MACD 指标底背离信号，2018 年 2 月 28 日，10 分钟 MACD 形成底背离，当 MACD 金叉信号发出，以收盘价 6352 买入开仓，以 100 万账户举例，郑油 1805 合约保证金在 4500 元左右，仓位占比总资金 5%，则可以开仓 11 手，止损设置在 10 分钟开仓价下方低点 6330，一手止损约 220 元，11 手合约总止损约为 2420 元。止盈可以分为两种方法：第一种，2018 年 2 月 28 日，10 分钟 MACD 指标 DIFF 线向下跌破 0 轴，以当根 K 线收盘价 6366 止盈平仓，16 手共盈利 1540 元；第二种止盈方式，2018 年 2 月 28 日，1 小时止损，16 手合约共亏损 2420 元。

一个完整的交易操作为：

开仓标准：1 小时趋势为多头趋势，2018 年 2 月 28 日 10 分钟 MACD 指标底背离后 MACD 指标发出金叉信号买入开仓。

止损标准：买入开仓后下方的最低价。

仓位标准：总资金 5%仓位，开仓 11 手。

止盈标准：止盈方式一：2018 年 2 月 28 日，10 分钟 MACD 指标 DIFF 线下破 0 轴，止盈平仓；止盈方式二：未能止盈，止损出场。

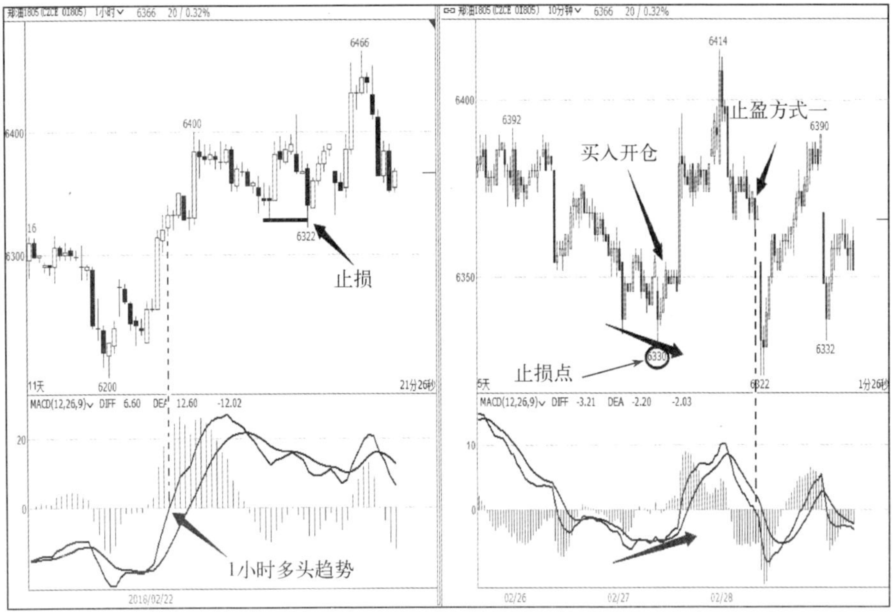

图 4-71

例 3：

以 2018 年 3 月份焦煤 1805 合约来举例(图 4-72)，2018 年 3 月 1 日，左边图中 1 小时 MACD 指标的快线 DIFF 线向下跌破 0 轴，1 小时趋势转为空头趋势，确定趋势后在右图 10 分钟上面寻找 MACD 指标顶背离信号，2018 年 3 月 6 日，10 分钟 MACD 形成顶背离，当 MACD 死叉信号发出，以收盘价 1383 卖出开仓，以 100 万账户举例，焦煤 1805 合约保证金在 13000 元左右，仓位占比总资金 5%，则可以开仓 4 手，止损设置在 10 分钟开仓价上方高点 1392，一手止损约

540 元，4 手合约总止损约为 2160 元。止盈可以分为两种方法：第一种，2018 年 3 月 14 日，10 分钟 MACD 指标 DIFF 线向上突破 0 轴，以当根 K 线收盘价 1266 止盈平仓，4 手共盈利 28080 元；第二种止盈方式，2018 年 3 月 16 日，1 小时 MACD 指标 DIFF 线向上突破 0 轴，以当根 K 线收盘价 1287 止盈，4 手合约共盈利 23040 元。

一个完整的交易操作为：

开仓标准：1 小时趋势为空头趋势，2018 年 3 月 6 日 10 分钟 MACD 指标顶背离后 MACD 指标发出死叉信号卖出开仓。

止损标准：买出开仓后上方的最高价。

仓位标准：总资金 5%仓位，开仓 4 手。

止盈标准：止盈方式一：2018 年 3 月 14 日，10 分钟 MACD 指标 DIFF 线上破 0 轴，止盈平仓；止盈方式二：2018 年 3 月 16 日，1 小时 MACD 指标 DIFF 线上破 0 轴，止盈平仓。

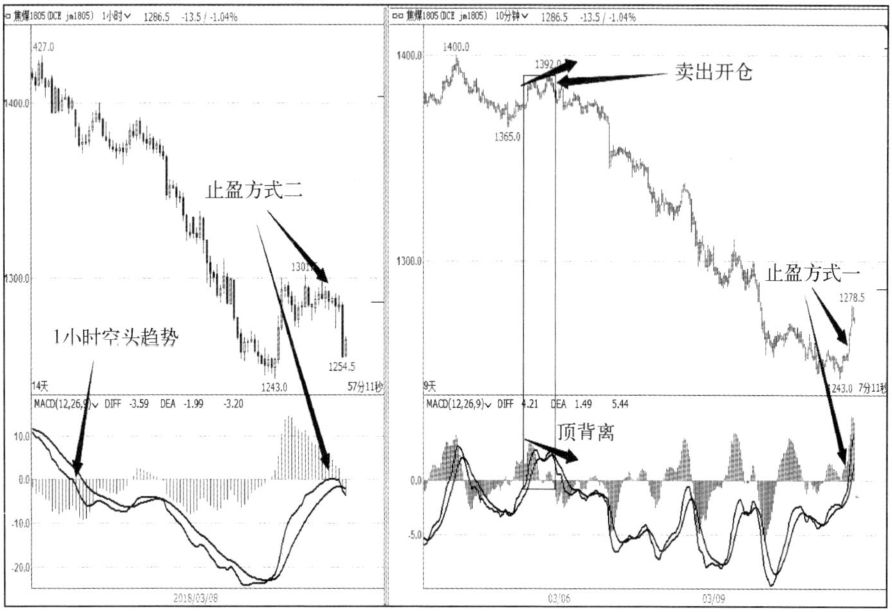

图 4-72

例 4：

以 2018 年 3 月份郑油 1805 合约来举例(图 4-73)，2018 年 3 月 6 日，左边图中 1 小时 MACD 指标的快线 DIFF 线向下跌破 0 轴，1 小时趋势转为空头趋势，确定趋势后在右图 10 分钟上面寻找 MACD 指标顶背离信号，2018 年 3 月 8 日，10 分钟 MACD 形成顶背离，当 MACD 死叉信号发出，以收盘价 6308 卖出开仓，以 100 万账户举例，郑油 1805 合约保证金在 4500 元左右，仓位占比总资金 5%，则可以开仓 11 手，止损设置在 10 分钟开仓价上方高点 6332，一手止损约 240 元，11 手合约总止损约为 2640 元。止盈可以分为两种方法：第一种，2018 年 3 月 12 日，10 分钟 MACD 指标 DIFF 线向上突破 0 轴，以当根 K 线收盘价 6276 止盈平仓，11 手共盈利 3520 元；第二种止盈方式，2018 年 3 月 13 日，1 小时未止盈，止损平仓，11 手合约共亏损 2640 元。

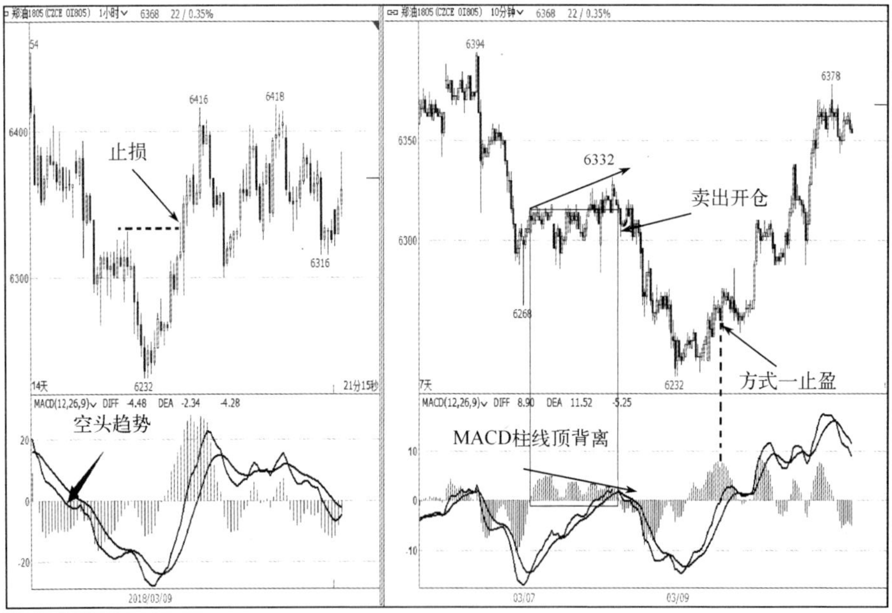

图 4-73

一个完整的交易操作为：

开仓标准：1 小时趋势为空头趋势，2018 年 3 月 8 日 10 分钟

MACD 指标顶背离后 MACD 指标发出死叉信号卖出开仓。

止损标准：买出开仓后上方的最高价。

仓位标准：总资金 5%仓位，开仓 11 手。

止盈标准：止盈方式一：2018 年 3 月 12 日，10 分钟 MACD 指标 DIFF 线上破 0 轴，止盈平仓；止盈方式二：2018 年 3 月 13 日，1 小时止损平仓。

系统补充

交易系统一般分为加仓系统和不加仓系统，个人建议普通投资者用不加仓系统更容易成功。表面上看，加仓可以用小仓位去试仓，成功后用大仓位去加仓，顺势而为，从而获得很高的利润，以小博大。

加仓系统有什么危害或缺点呢？

加仓系统加的不但是仓位，更是将投资者的情绪波动加了上去。而交易者的情绪控制是最难过的一关，并且加仓对于系统的交易动作来说增加了很多，会加大交易者的劳动量。并且随着加仓造成的资金短时间巨幅波动，会严重影响交易者的情绪控制。前一分钟还是大幅盈利，刚加完仓就瞬间变成亏损是经常发生的事情。

加仓其实是加大了交易者交易成功的难度，所以建议普通的交易者或者是新手只做不加仓系统标准的交易更容易成功。不加仓的交易系统，只需要在交易前做好交易策略计划，从容做好开仓、止损、保护、止盈以及仓位管理的动作即可。属于以逸待劳，情绪控制易于稳定，一般人更容易学习和掌握运用。

不要羡慕别人短时间内赚了多少钱，我们需要学习和运用简单的交易系统，先把简单的事情做好，能够稳定之后再去添加加仓系统，如虎添翼！

第5章

辅助系统——分时图和量

期货交易成功是一个漫长的修行自我、改变自我的过程，切不可想着可以简单到一蹴而就，需要我们不断的学习自律、奋进转变。

——杨清

5.1 分时图简介与运用

分时图是价格实时走势的图形，在期货交易中的运用尤为重要，它能简洁地体现出价格区间的变化和趋势的变化，能够清晰地得到当天盘口价格变化的信息和趋势的转变。

如图 5-1 所示，分时图是由分时线、分时均线和下方的指标组成的，期货软件中，下方的指标默认设置为成交量指标和持仓量指标。

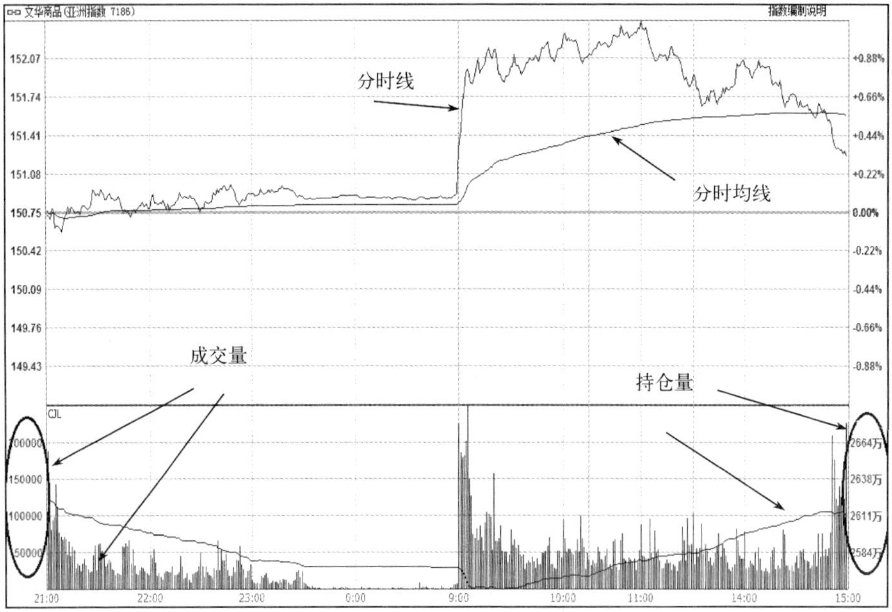

图 5-1

分时图也是 K 线的来源——每个交易日的分时图走完，形成当日的日 K 线。因此，分时图中的价格走势对短线操作尤为重要，它反映了价格和成交量、持仓量的实时变化。

分时线反映了当日价格的微观走势。在日 K 线图中，同样是一根大阳线或大阴线，在分时图中的形成过程却可以千变万化。

根据分时线的稳定性不同，我们可以将走出大阳线或大阴线的分时线分为稳定上涨大阳线、稳定下跌大阴线、震荡上涨大阳线和震荡下跌大阴线等四类。图5-2和图5-3所示分别是大阳线和大阴线的分时图。

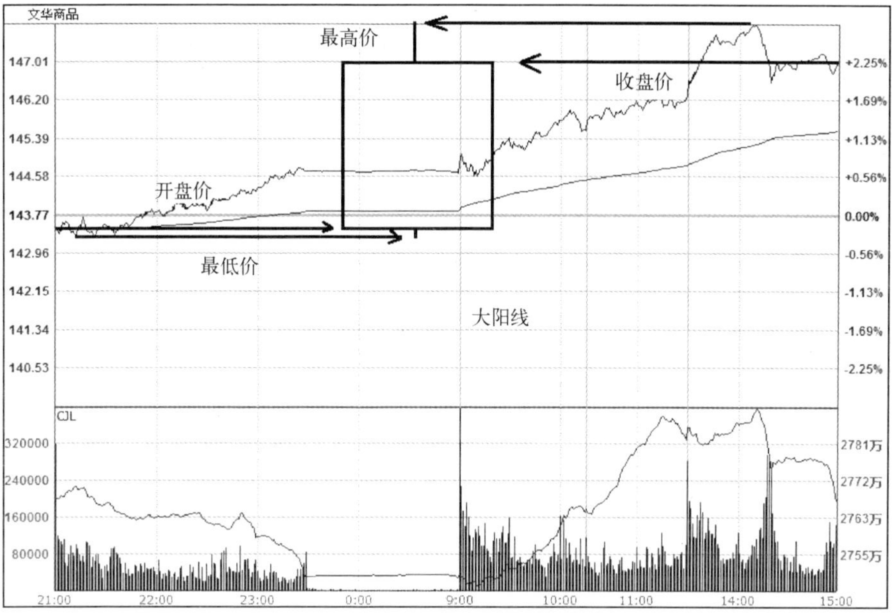

图5-2

稳定上涨大阳线和稳定下跌大阴线的分时线，一般过程中，此类分时线走势稳定，成交量分布均匀，持仓量持续增大，其中持仓量的参考是非常重要的，是一种步步为营的走势。

稳定上涨大阳线分时(图5-4)，一般是当天的价格非常稳定，站上均线之后一直到收盘，价格都会在均线之上，中间波动幅度有限，当天的成交量一般非常均匀，最重要的是中间过程伴随着持仓量均匀增加，持仓量的增加是非常重要的，说明有市场外的资金持续买入进来。

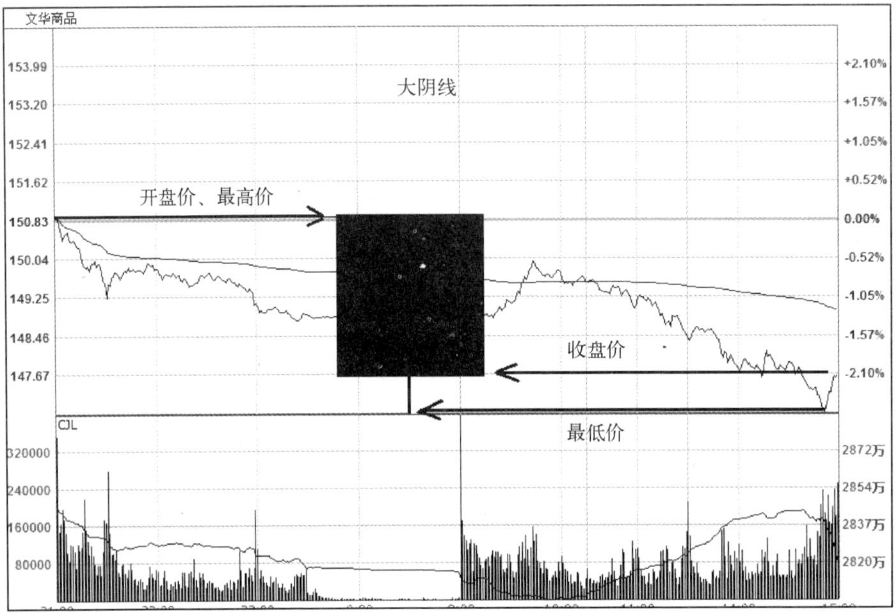
文华商品
大阴线
开盘价、最高价
收盘价
最低价
CJL
153.99
153.20
152.41
151.62
150.83
150.04
149.25
148.46
147.67
+2.10%
+1.57%
+1.05%
+0.52%
0.00%
-0.52%
-1.05%
-1.57%
-2.10%
320000
240000
160000
80000
2872万
2854万
2837万
2820万

图 5-3

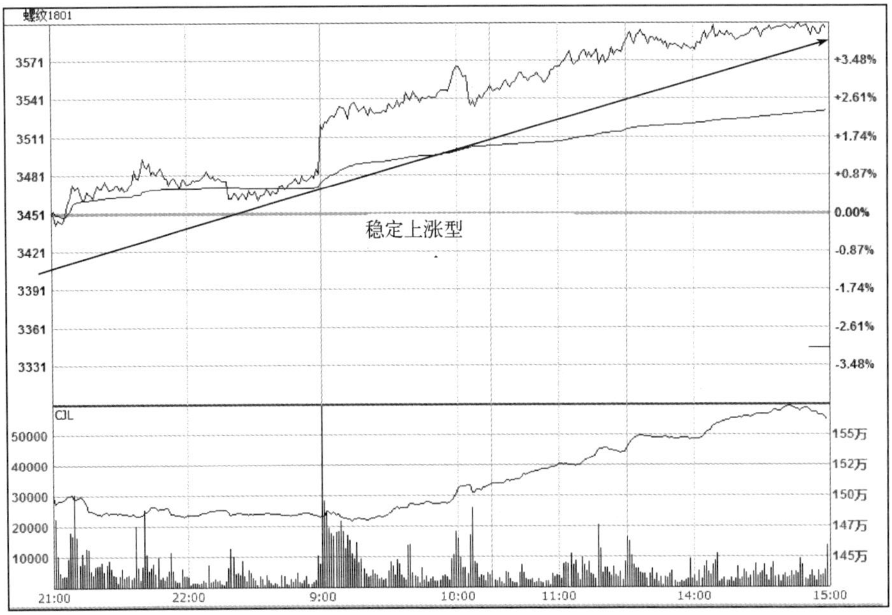
螺纹1801
稳定上涨型
CJL
3571
3541
3511
3481
3451
3421
3391
3361
3331
+3.48%
+2.61%
+1.74%
+0.87%
0.00%
-0.87%
-1.74%
-2.61%
-3.48%
50000
40000
30000
20000
10000
155万
152万
150万
147万
145万
21:00
22:00
9:00
10:00
11:00
14:00
15:00

图 5-4

稳定上涨型分时图一般出现在多头市场趋势中，图 5-5 所示为是图 5-4 所对应的日线 K 线图，均线指标多头排列，市场普遍看涨意愿一致，后市的行情大概率继续看涨。

稳定下跌大阴线分时图如图 5-6 所示，一般当天的价格趋于稳定，下破均线之后一直到收盘，价格都会在均线之下，中间波动反复幅度有限，当天的成交量一般均匀，同样值得注意的是中间过程伴随着持仓量均匀的增加。

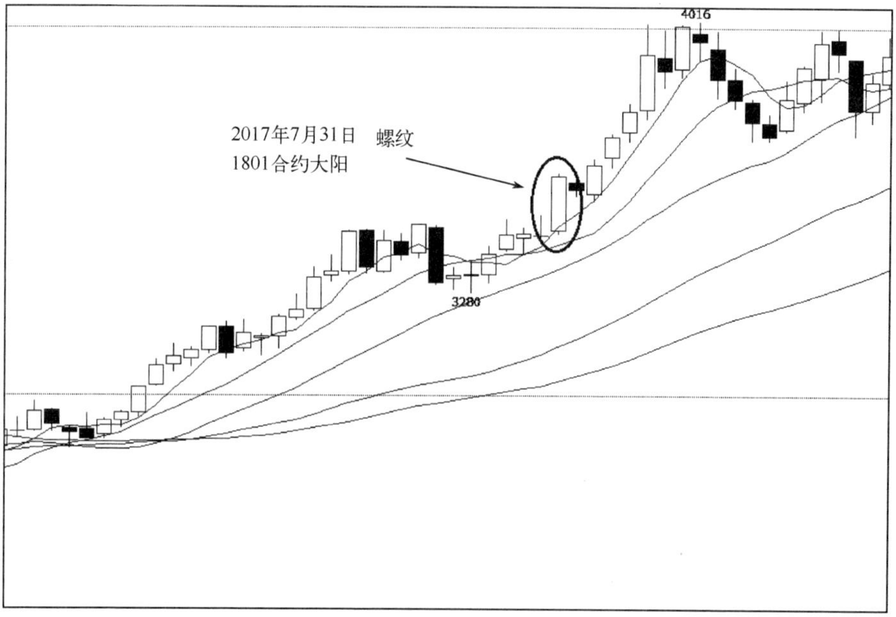

图 5-5

稳定下跌型分时图大概率出现在空头市场中，如图 5-7 所示，图 5-7 是图 5-6 所对应的日线 K 线图。市场普遍看跌意愿一致，后市的行情大概率继续看空。

震荡上涨型大阳线和震荡下跌型大阴线，分时线的走势则要崎岖得多。如图 5-8 和图 5-9 所示，当日线图多头趋势受阻，当日分时图上表现的走势多有波折。

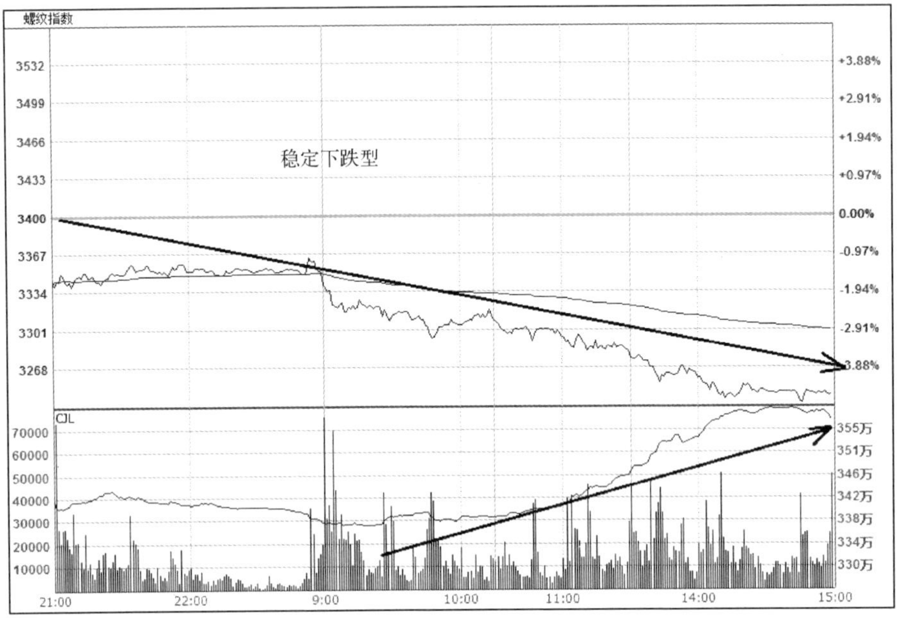
螺纹指数
稳定下跌型
3532
3499
3466
3433
3400
3367
3334
3301
3268
+3.88%
+2.91%
+1.94%
+0.97%
0.00%
-0.97%
-1.94%
-2.91%
-3.88%
CJL
70000
60000
50000
40000
30000
20000
10000
355万
351万
346万
342万
338万
334万
330万
21:00
22:00
9:00
10:00
11:00
14:00
15:00

图 5-6

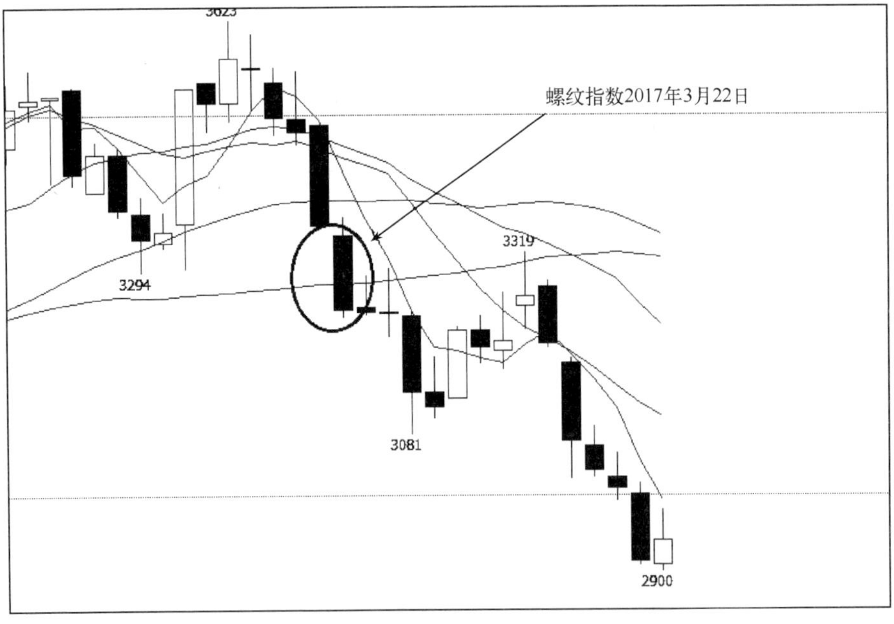
3623
螺纹指数2017年3月22日
3294
3319
3081
2900

图 5-7

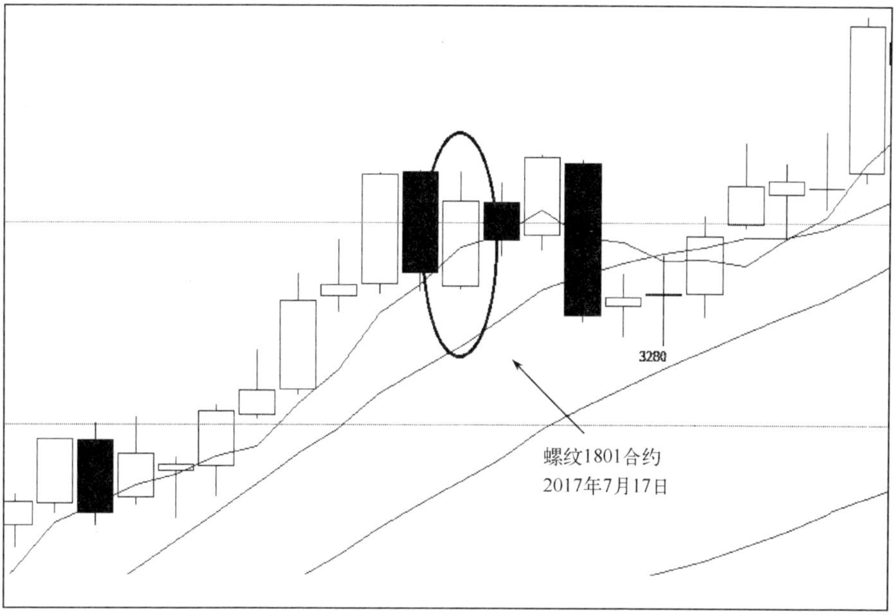
3280
螺纹1801合约
2017年7月17日

图 5-8

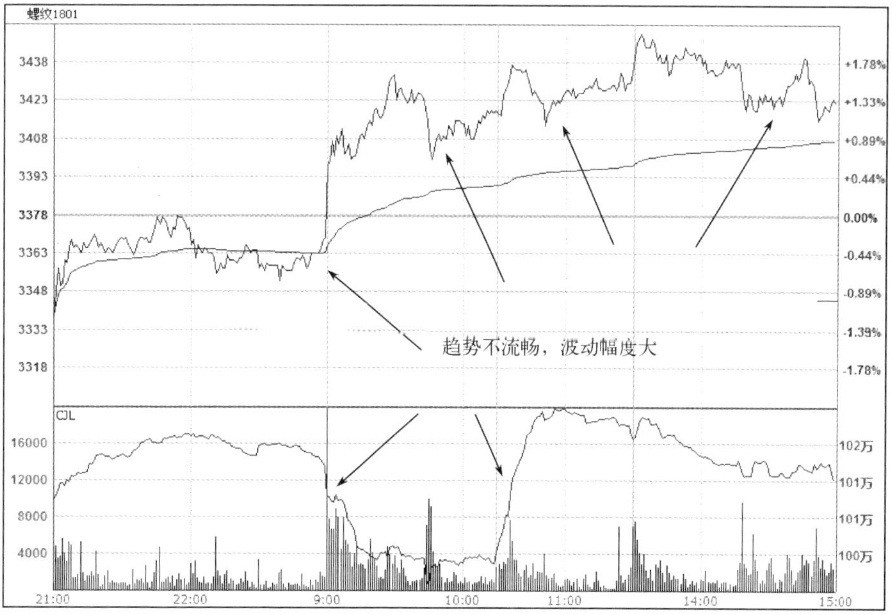
螺纹1801
3438
3423
3408
3393
3378
3363
3348
3333
3318
+1.78%
+1.33%
+0.89%
+0.44%
0.00%
-0.44%
-0.89%
-1.33%
-1.78%
趋势不流畅，波动幅度大
CJL
16000
12000
8000
4000
102万
101万
101万
100万
21:00
22:00
9:00
10:00
11:00
14:00
15:00

图 5-9

震荡下跌型大阴线，一般出现在有多空分歧的整理区间。图5-10是日线图对应的图5-11分时图走势，趋势受阻，多空方向不流畅时，分时图走势复杂。

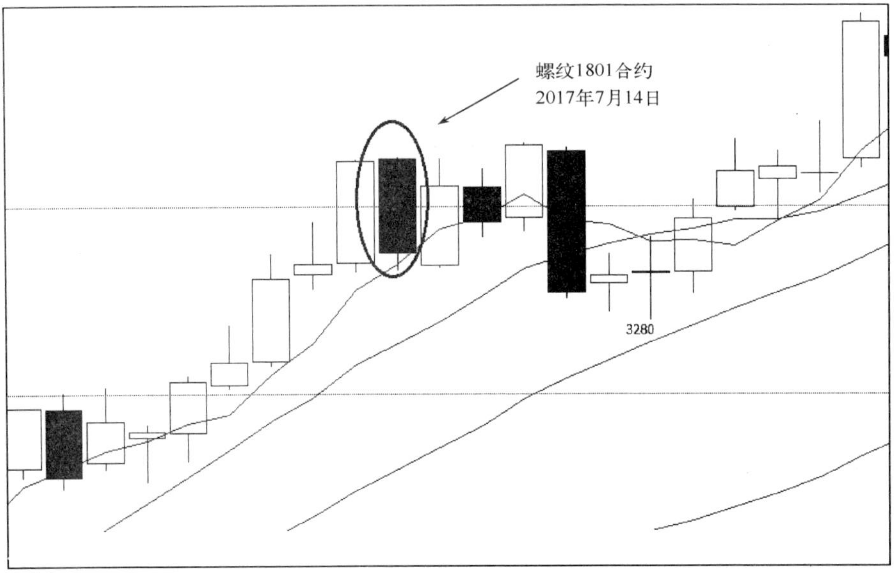

图 5-10

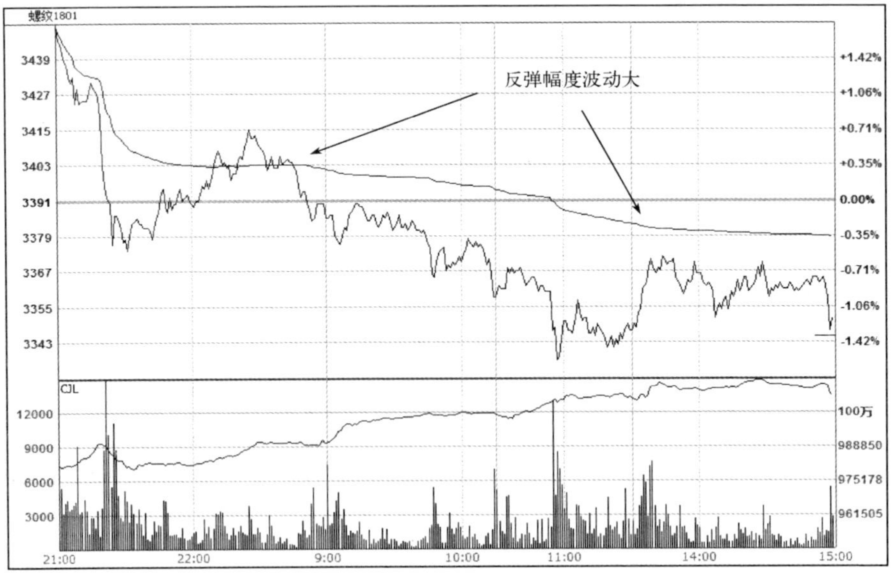

图 5-11

5.2 成交量和持仓量

5.2.1 成交量的定义

期货成交量是指某一期货合约在某一指定周期成交合约的双边累计数量，单位为“手”。成交量就是已经成交的合约数量，是(买和卖)双边计算的，所以一定是偶数，比如我们在某一个合约中在3000元的价位上买入10手(10张合约)，有人在3000元的价位上卖出10手，那么我们就成交了，在这里的成交量就是20手。

成交量中，如图5-12所示，一般期货软件默认的设置是，阳线对应的成交量是空心的红色柱体，阴线对应的成交量是实心的绿色柱体。

图5-12

在行情中，同一品种的不同月份合约分别计算自己的成交量，加起来就是这个品种的成交量。在K线图表中，按照时间计算，成交量有分钟成交量、小时成交量、日成交量、周成交量以及月成交量等多种。

日成交量代表整个交易日的成交总和。如图5-13所示，2017年9月14日螺纹1801合约当日的成交量为511.0万手。

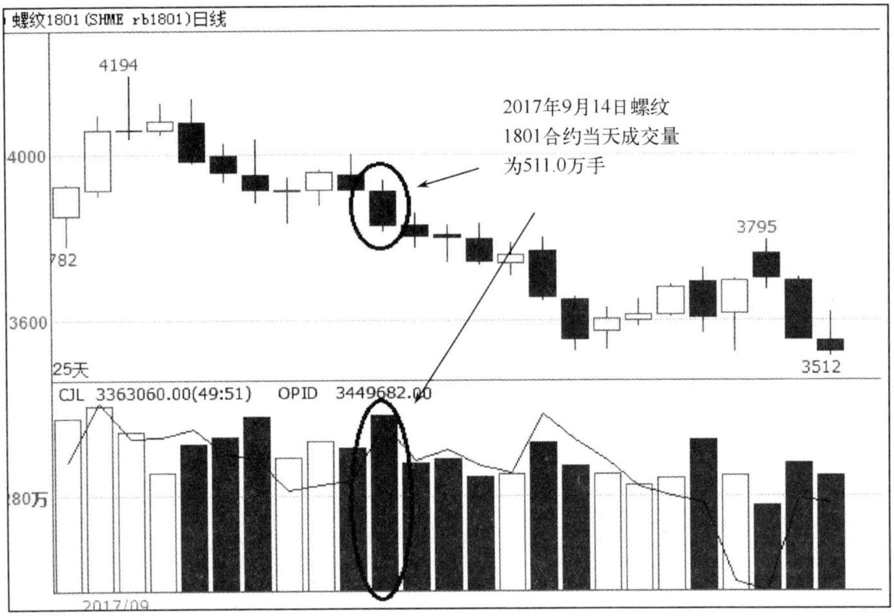

图5-13

月成交量代表整个月交易量的总和，如图5-14所示，螺纹1801合约2017年9月份的月成交量。

在分时图表中，也有成交量的表示，如图5-15所示，一般期货软件中，一分钟一根柱体，和一分钟的K线图标成交量是一样的。

在股票市场中，成交量是考察价格变动的重要的参数之一，在期货市场上，成交量与价格的关系与在股票市场上类似，成交量越大，则反映市场的强烈程度和压力越强。一般可以通过分析价格变化与成交量的关系来验证价格运行的方向，即价格变动是沿原来的趋势还是反转，或力度减弱等。但在期货市场上，成交量的研究要和持仓量同时进行，发出的信号才更加可靠。

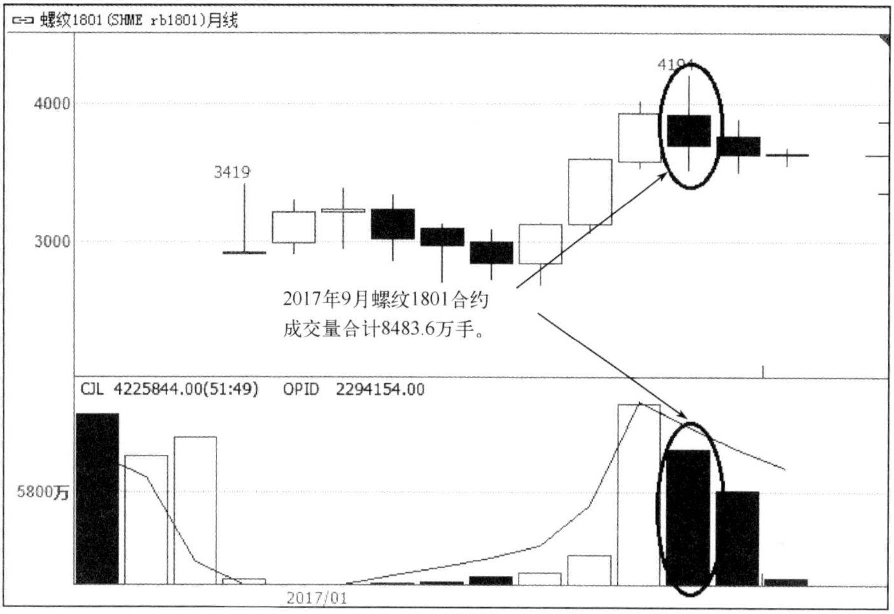
螺纹1801(SHME rb1801)月线
4194
4000
3419
3000
2017年9月螺纹1801合约
成交量合计8483.6万手。
CJL 4225844.00(51:49) OPID 2294154.00
5800万
2017/01

图 5-14

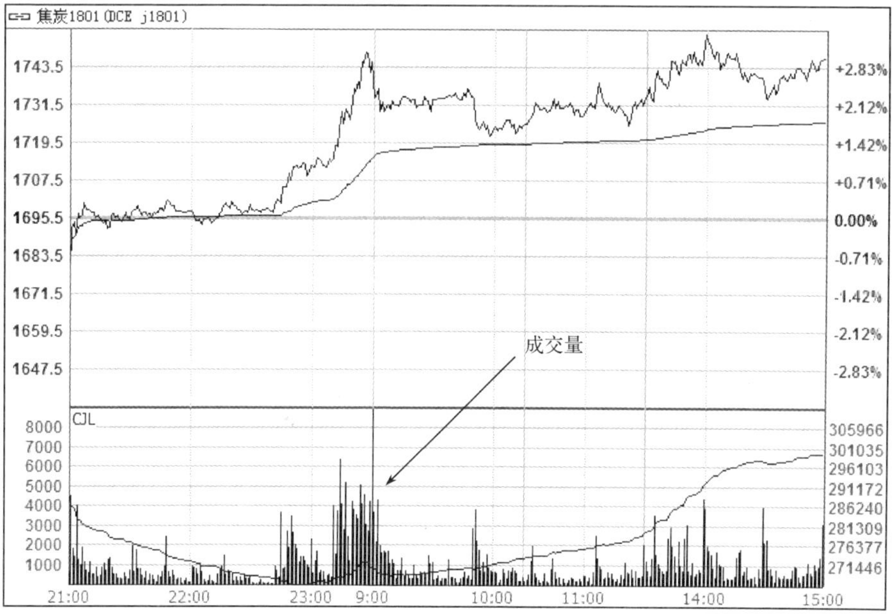
焦炭1801(DCE j1801)
1743.5
1731.5
1719.5
1707.5
1695.5
1683.5
1671.5
1659.5
1647.5
+2.83%
+2.12%
+1.42%
+0.71%
0.00%
-0.71%
-1.42%
-2.12%
-2.83%
成交量
CJL
8000
7000
6000
5000
4000
3000
2000
1000
305966
301035
296103
291172
286240
281309
276377
271446
21:00
22:00
23:00
9:00
10:00
11:00
14:00
15:00

图 5-15

5.2.2 持仓量的定义

持仓量，也称为控盘量或者未平仓合约量，是指买入或者卖出后尚未对冲及进行实物交割的某种商品期货合约的数量。

持仓量在期货软件中一般用一条线来表示，分时图表中和K线图标中均有持仓量，持仓量和成交量在软件中是一起出现的。

如图5-16所示，分时图中的持仓量用一条线表示。

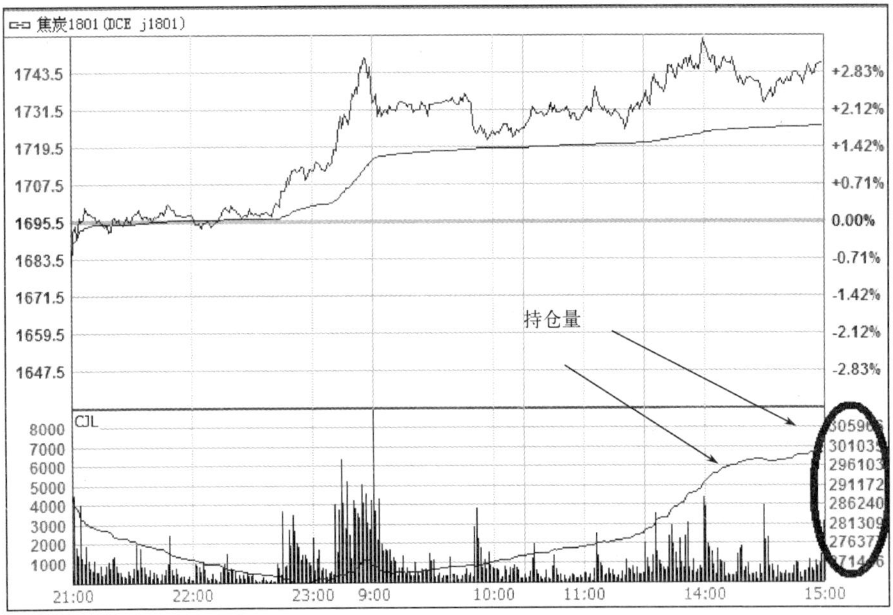

图5-16

K线图中的持仓量表示如图5-17所示，和持仓量在同一幅图内，用一条线表示。

期货持仓量指投资者持有的某个合约的未平仓合约总量。持仓量等于该合约未平仓的多仓和空仓之和。在未平仓合约中，多仓总量与空仓总量总是相等的。如果买卖双方均为新开仓，则持仓量增加2个合约量；如其中一方为新开仓，另一方为平仓，则持仓量不变；如买卖双方均为平仓，持仓量减少2个合约量。当下次开仓数与平仓数相等时，持仓量也不变。

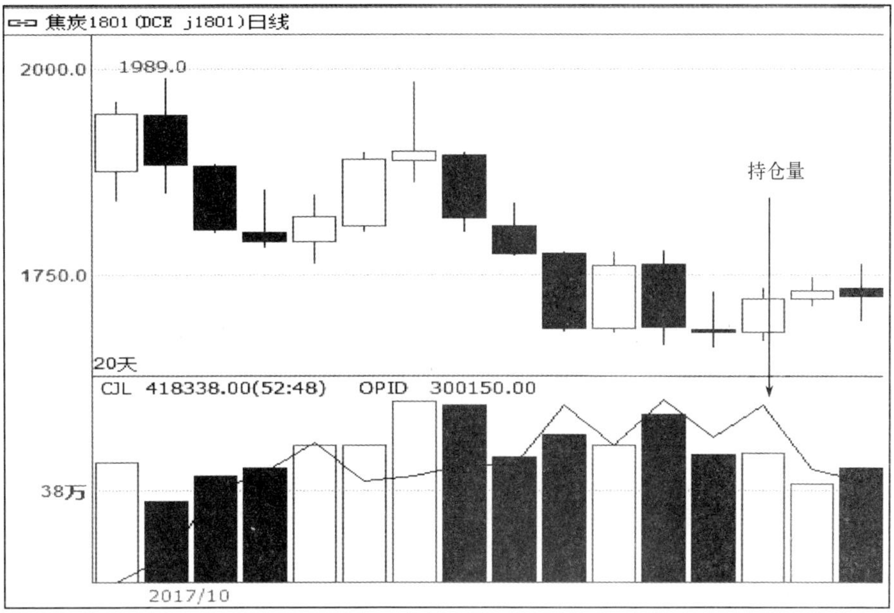

图 5-17

期货软件中的合约列表中，一般情况下持仓量一栏中持仓量最大的合约为该商品的主力合约，如图 5-18 所示。

序号	合约名称	最新	现手	买价	卖价	买量	卖量	成交量	涨跌	涨幅%	持仓量	日增仓
119	螺纹指数	3660	40	----	----	----	----	6142570	35	0.97%	4110084	61794
120	螺纹主连	3642	118	3642	3643	25	16	2629562	27	0.75%	2361794	-16万
121	螺纹1711	----	----	3680	3790	30	30	0	0	0.00%	1620	0
122	螺纹1712	3700	2	3699	3727	5	32	216	33	0.90%	1806	-58
123	螺纹1801	3642	118	3642	3643	25	16	2629562	27	0.75%	2361794	-16万
124	螺纹1802	3595	6	3577	3625	1	1	508	33	0.93%	3678	0
125	螺纹1803	3621	4	3359	3658	2	1	732	32	0.89%	4640	354
126	螺纹1804	3710	2	3710	3715	1	5	376	34	0.92%	4052	2
127	螺纹1805	3692	40	3692	3693	94	1016	3449374	43	1.18%	1651092	212126
128	螺纹1806	3630	2	3603	3660	1	1	88	15	0.41%	1228	-10
129	螺纹1807	3665	2	3520	3687	2	1	36	43	1.19%	278	2
130	螺纹1808	3625	2	3606	3693	1	1	40	38	1.06%	252	-6
131	螺纹1809	3572	2	3564	3587	1	1	1138	16	0.45%	2540	-22
132	螺纹1810	3548	22	3545	3548	1	2	60500	38	1.08%	77104	8214

图 5-18

持仓量是从该种期货合约开始交易起开始计算，持仓量越大，该合约到期前平仓交易量和实物交割量的总和就越大，成交量也就越大。因此，分析持仓量的变化可推测资金在期货市场的流向。持仓量增加，表明资金流入期货市场；反之，则说明资金正流出期货市场。

如图 5-19 所示，螺纹 1801 合约当天日增仓一栏中为-16 万，则表示该合约当日持仓量减少了 16 万手，资金流出了该合约；螺纹 1805 合约当天日增仓一栏中为 212126，则表示该合约当日持仓量增加了 212126 手，资金流入了该合约。

序号	合约名称	最新	现手	买价	卖价	买量	卖量	成交量	涨跌	涨幅%	持仓量	日增仓
↑ 119	螺纹指数	3660	40	----	----	----	----	6142570	35	0.97%	4110084	61794
↑ 120	螺纹主连	3642	118	3642	3643	25	16	2629562	27	0.75%	2361794	-16万
121	螺纹1711	----	----	3680	3790	30	30	0	0	0.00%	1620	0
↑ 122	螺纹1712	3700	2	3699	3727	5	32	216	33	0.90%	1806	-58
123	螺纹1801	3642	118	3642	3643	25	16	2629562	27	0.75%	2361794	-16万
↑ 124	螺纹1802	3595	6	3577	3625	1	1	508	33	0.93%	3678	0
↑ 125	螺纹1803	3621	4	3359	3658	2	1	732	32	0.89%	4640	354
↑ 126	螺纹1804	3710	2	3710	3715	1	5	376	34	0.92%	4052	2
↑ 127	螺纹1805	3692	40	3692	3693	94	1016	3449374	43	1.18%	1651092	212126
↑ 128	螺纹1806	3630	2	3603	3660	1	1	88	15	0.41%	1228	-10
↑ 129	螺纹1807	3665	2	3520	3687	2	1	36	43	1.19%	278	2
↑ 130	螺纹1808	3625	2	3606	3693	1	1	40	38	1.06%	252	-6
↑ 131	螺纹1809	3572	2	3564	3587	1	1	1138	16	0.45%	2540	-22
↑ 132	螺纹1810	3548	22	3545	3548	1	2	60500	38	1.08%	77104	8214

图 5-19

5.2.3 成交量、持仓量与资金动向

成交量和持仓量结合，两者同时放大，代表有资金大幅流入，一般认为持仓量增大的时候，有资金流入合约，此时成交量也会放大。所以持仓量增大意味着市场将有可能会出现行情，或正处于行情之中。

成交量和市场多空分歧有关。持仓量不明显增大的情况下，有买有卖才成交，一部分人看空后市，一部分人看多后市，有了分歧，才

成交，否则如果都看多，谁还愿意卖？都看跌，谁愿意买？所以此时，成交量的本质是市场的多空分歧，成交量增大，市场的分歧就增大。前提是持仓量不增大的情况下，成交量的本质就是市场的多空分歧。

从长周期来看，成交量和持仓量呈现同向的规律性，整体性一起增大，或者整体性一起缩小。从局部来看，在没有行情的时候，成交量能迅速步入低迷，而持仓量要不断降低，资金流出，从这个角度上看，没有行情的时候，成交量具有领先性；而在有行情的时候，持仓量迅速先攀升，有资金流入，增大程度明显大于成交量，所以如果有行情的话，持仓量又具有领先性。

研究主力资金流入流出品种，研究成交量和持仓量变化，要抛除换月所导致的成交量、持仓量的变化，所以通过指数合约可以清楚看出整个品种的资金变化。

如图 5-20 所示，螺纹 1801 合约随着时间临近交割月，成交量和持仓量不断减少，此时的成交量和持仓量变化不完全是因为行情的变化所

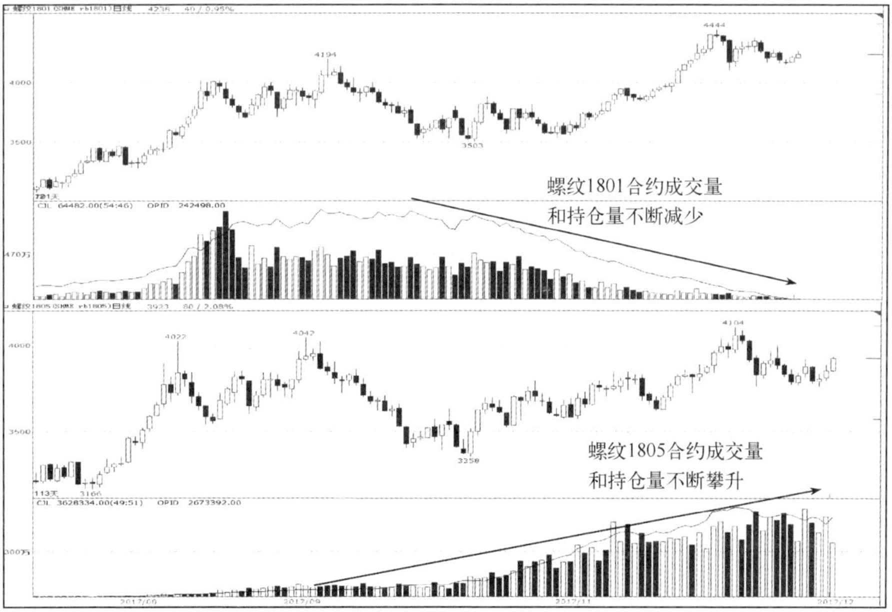

图 5-20

引起的，最大一部分原因是大部分投资者去交易远期次主力合约，同时螺纹 1805 合约，成交量和持仓量不断增加，当螺纹 1805 合约持仓量大于螺纹 1801 合约时，则螺纹 1805 合约就成了新的主力合约。

5.2.4 成交量、持仓量和价格之间的关系

持仓量不断连续增大，意味着市场将可能会出现行情，或者未来还有大行情。如果成交量也伴随着增大，则有利于我们选择未来最可能有行情的品种。

对于期货而言，持仓量的变化更有规律性，持续增大，或持续缩小；而成交量的变化，今日会大，明日会小，与持仓量相比，规律的表现会弱一些，另外，选择未来有行情的时候，持仓量具有领先性，所以持仓量的意义大于成交量的，所以我们经常用持仓量来判断商品的量能。

成交量或持仓量下降，意味着资金撤走，关注度、活跃度降低，未来行情不大。但如果是持仓量不下降，成交量下降，意味着市场分歧少，市场达成一致意见，上涨的时候都看多，下跌的时候都看跌，所以成交量低，多空分歧少，表明市场正处于一个大行情的中间，这种情况通常出现在趋势行情的中期和中后期，大部分人都看多或看跌，看多或看跌气氛浓重，正好是行情的加速阶段，也是趋势走势最为流畅、反弹或调整最少的阶段，是最肥肉的阶段。

通常行情总结：

价格上涨，成交量上升、持仓量上升，意味着市场坚挺，行情看涨。

价格下跌，成交量上升、持仓量上升，意味着市场疲软，行情看跌。

成交量、持仓量和价格的关系可以总结为以下几点。

(1)成交量增加，持仓量增加，价格上涨。该组合表示成交活跃，买方力量大于卖方力量，虽然多空都在增仓，但新买方是主动性大量增仓，追着价格买，表明看多者对后市上涨空间看得较高。这种组合关系上涨动力较大，并且短期内价格仍可能继续上涨。

如图 5-21 和图 5-22 所示，分别为沪镍指数 2017 年 10 月 12 日

的日线图和分时图，当日成交量与前几日成交相比有增加，持仓量增加，价格上涨，之后沪镍价格继续上涨。

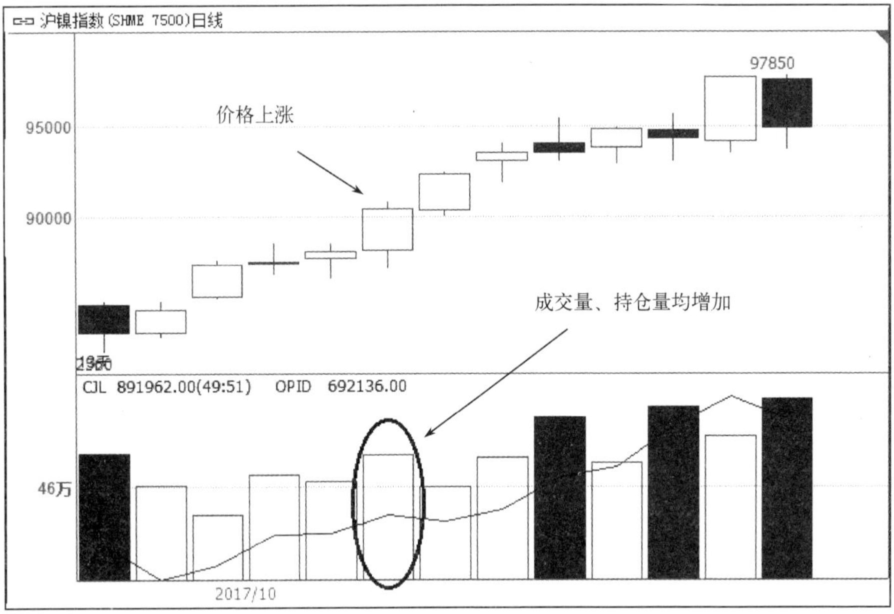

图 5-21

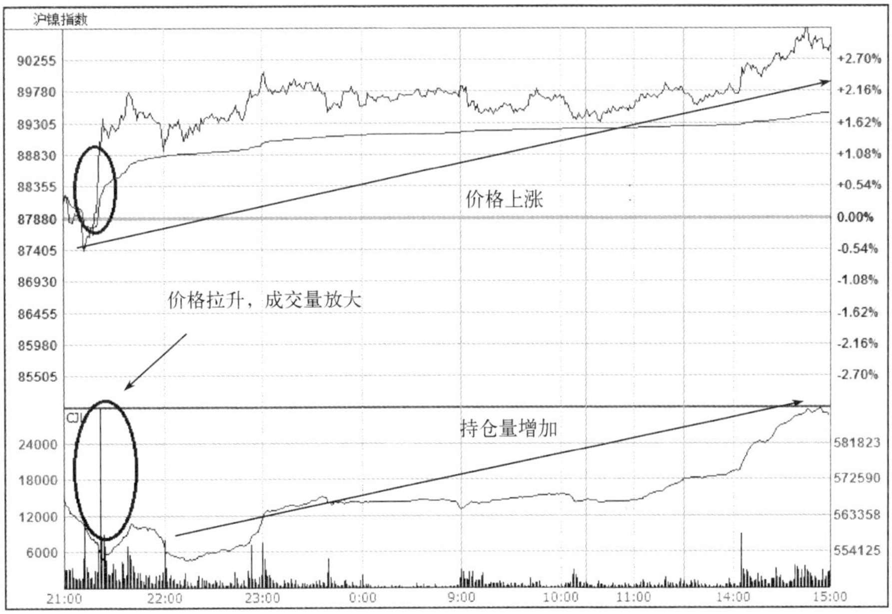

图 5-22

(2)成交量减少，持仓量减少，价格上涨。这表示多空观望气氛浓厚，减少了交易，持仓量减少而价格上涨，说明是空仓者认输，开始主动性回补平仓(即买入对冲)推升价格，导致持仓量减少过程中价格上涨，此类行情方向性差，实盘交易中建议观望。

螺纹指数 2017 年 8 月 24 日，从日线图(图 5-23)和分时图(图 5-24)中看，当天的成交量减少，持仓量减少，价格上涨，从 K 线图中看，螺纹指数刚好在一个震荡区间，多数投资者选择观望，此时的趋势不明朗，实盘交易中应该休息观望。

(3)成交量增加，持仓量减少，价格上涨。该组合表示空方主动平仓。该种组合出现在不同的地方代表的意义不同，如果是出现在底部有支撑位的地方，其特征是价格小幅上涨，因为价格下跌到底部，空头心态较好，而多方心有余悸，不会立刻拉抬。但若出现在顶部，空头为“逃命”平仓急迫，追着价格平，而多头只是在高位挂单被动平仓，不存在主动打压力量，从而表现出价格大幅上涨特征，此种形态出现在顶部更容易识别。

螺纹指数 2017 年 8 月 7 日，从日线图(图 5-25)中可以看出，当

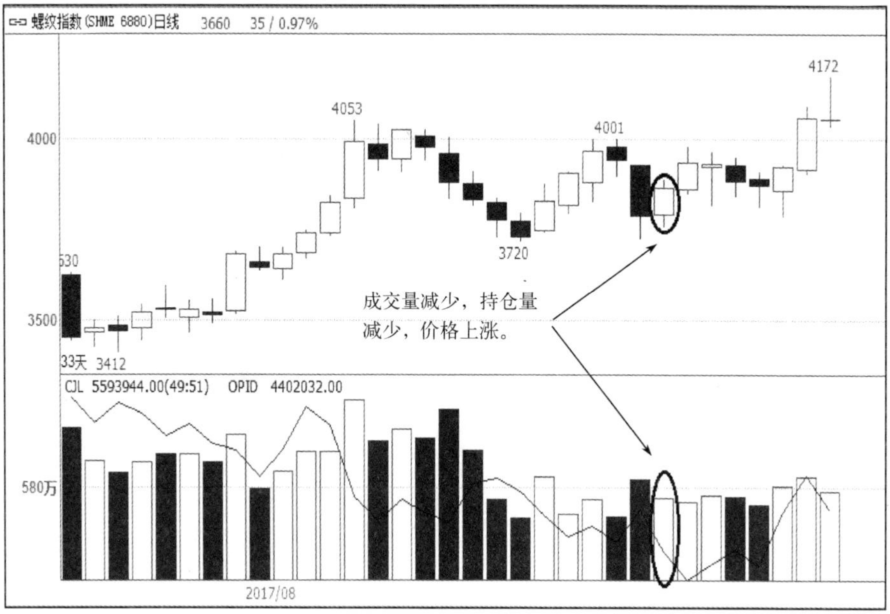

图 5-23

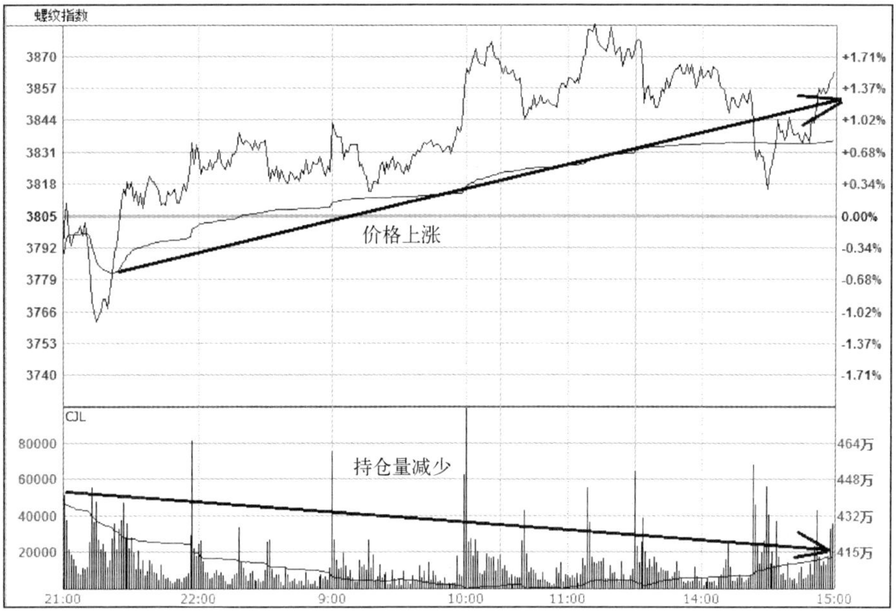
螺纹指数
3870
3857
3844
3831
3818
3805
3792
3779
3766
3753
3740
+1.71%
+1.37%
+1.02%
+0.68%
+0.34%
0.00%
-0.34%
-0.68%
-1.02%
-1.37%
-1.71%
价格上涨
CJL
80000
60000
40000
20000
464万
448万
432万
415万
持仓量减少
21:00
22:00
9:00
10:00
11:00
14:00
15:00

图 5-24

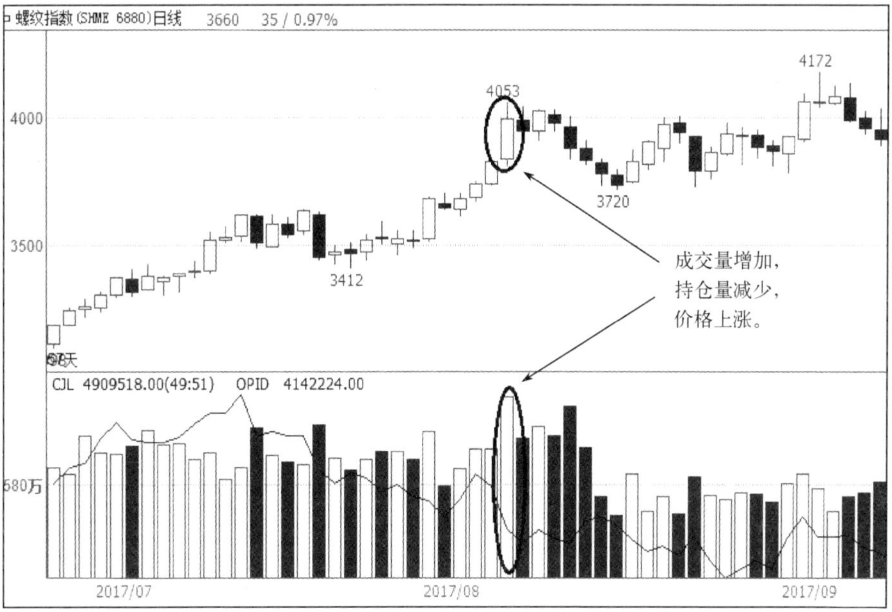
螺纹指数(SHME 6880)日线 3660 35 / 0.97%
4000
3500
4053
4172
3720
3412
成交量增加，
持仓量减少，
价格上涨。
CJL 4909518.00(49:51) OPID 4142224.00
680万
2017/07
2017/08
2017/09

图 5-25

天的成交量急剧放大，持仓量减少明显，且收盘收出大阳线，从分时图中(图 5-26)看，价格有一时间段拉升迅速，说明空头为“逃命”平仓急迫，造成价格拉升。

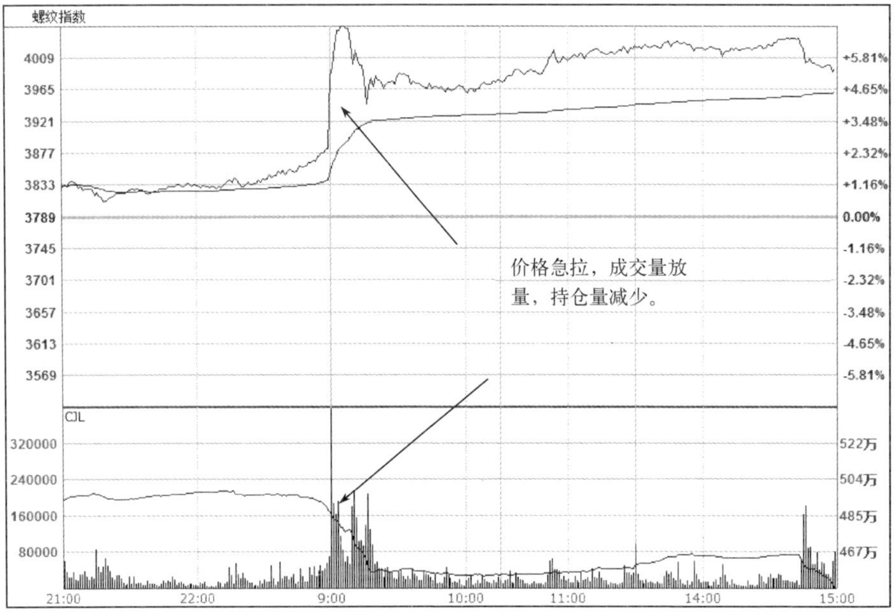

图 5-26

(4)成交量增加，持仓量增加，价格下跌。这表示多空均增仓，卖方力量大于买方力量，虽然多空都在增仓，但新卖方是主动性大量增仓，追着价格卖，表明看空者对后市下跌空间看得较低。这种组合关系下跌动力较大，并且短期内价格仍可能继续下跌。

图 5-27 和图 5-28 是焦炭指数合约 2017 年 4 月 7 日的日线图和分时图，从日线图中，我们可以清楚地看到当天的成交量比前几日的成交量都要大，从分时图中，我们可以看到，持仓量当天是不断匀速地减少，同时当日价格均匀下跌收出一根大阴线，说明卖方不断地主动性大量增仓，代表短期内价格仍会继续下跌。

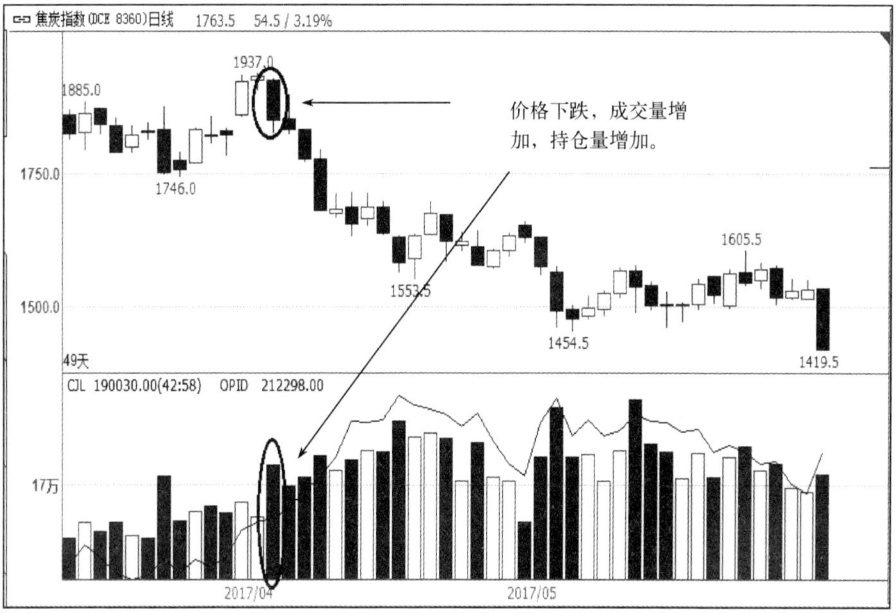
焦炭指数(DCE 8360)日线 1763.5 54.5 / 3.19%
1937.0
1885.0
价格下跌，成交量增加，持仓量增加。
1750.0
1746.0
1605.5
1553.5
1500.0
1454.5
1419.5
49天
CJL 190030.00(42:58) OPID 212298.00
17万
2017/04
2017/05

图 5-27

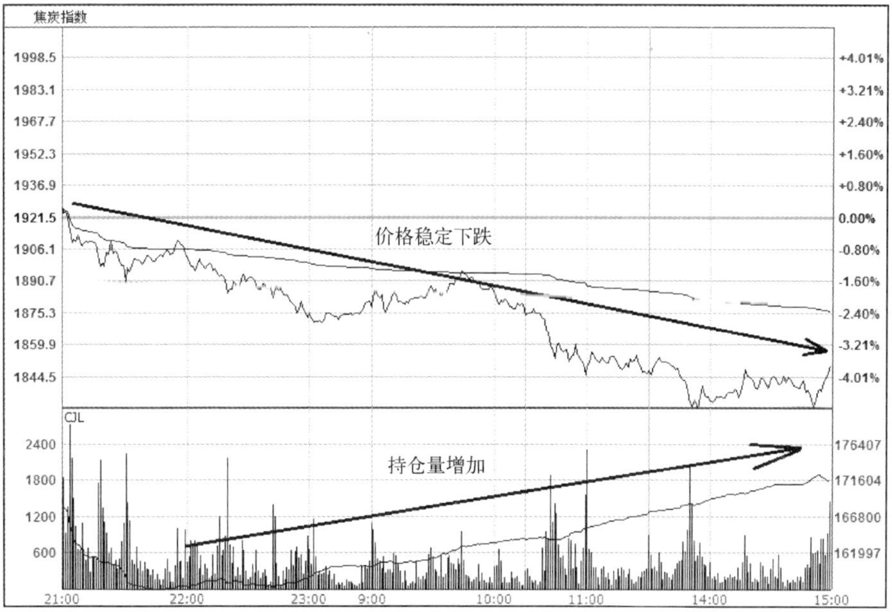
焦炭指数
1998.5
1983.1
1967.7
1952.3
1936.9
1921.5
1906.1
1890.7
1875.3
1859.9
1844.5
+4.01%
+3.21%
+2.40%
+1.60%
+0.80%
0.00%
-0.80%
-1.60%
-2.40%
-3.21%
-4.01%
价格稳定下跌
CJL
2400
1800
1200
600
176407
171604
166800
161997
持仓量增加
21:00
22:00
23:00
9:00
10:00
11:00
14:00
15:00

图 5-28

(5)成交量减少，持仓量减少，价格下跌。该组合表明多空减少了交易而倾向于观望，多头在主动平仓，但价格下跌平缓，一般认为在区间整体末期，实际操作中，可操作性不大，遇到这种行情不参与为好。

白糖指数2017年1月26日，从日线图中(图5-29)和分时图(图5-30)中看，成交量不活跃，持仓量减少，价格下跌，此时的行情多半在一个震荡整理区间，多方空方都在观望，所以遇到这种形态，建议休息观望，等待机会。

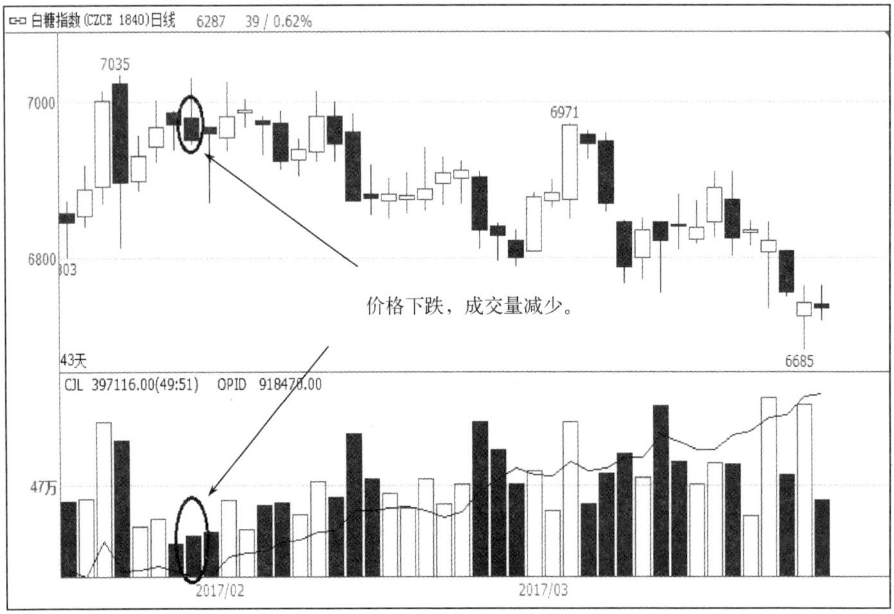

图5-29

(6)成交量增加，持仓量减少，价格下跌。该组合显示多空双方交易兴趣较浓，但空方不愿意继续增仓，而持仓量减少和价格下跌显示多头急于平仓，追着价格卖出平仓，一般认为是多头止损所为，资金流出，此类行情缺乏延续性，下跌空间有限。

图5-31和图5-32是郑棉指数2017年9月8日的日线图和分时图，当日成交量略有增加，日内行情有段快速下跌，持仓量减少，一般认为前期多头止损抛盘所致价格急速下跌，此类行情不建议参与。

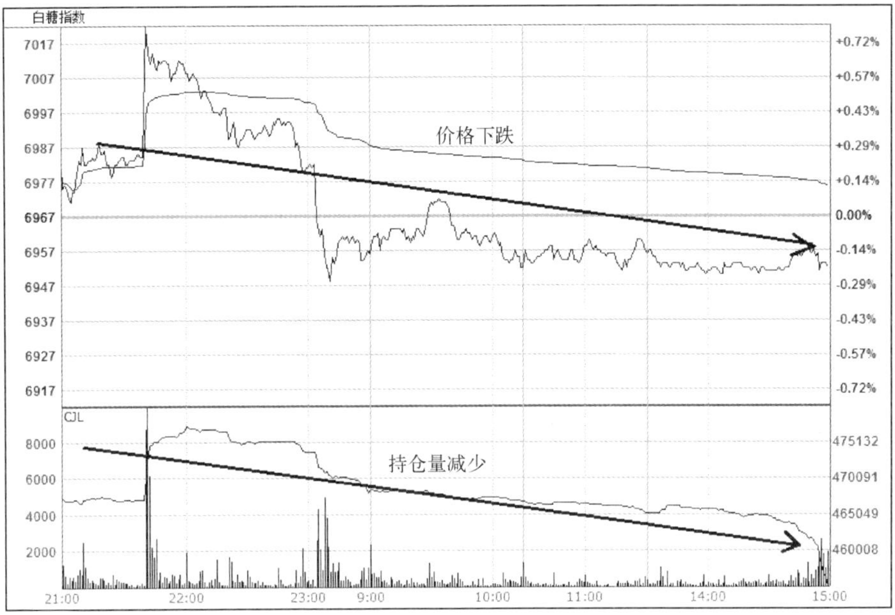
白糖指数
7017
7007
6997
6987
6977
6967
6957
6947
6937
6927
6917
+0.72%
+0.57%
+0.43%
+0.29%
+0.14%
0.00%
-0.14%
-0.29%
-0.43%
-0.57%
-0.72%
价格下跌
CJL
8000
6000
4000
2000
475132
470091
465049
460008
持仓量减少
21:00
22:00
23:00
9:00
10:00
11:00
14:00
15:00

图 5-30

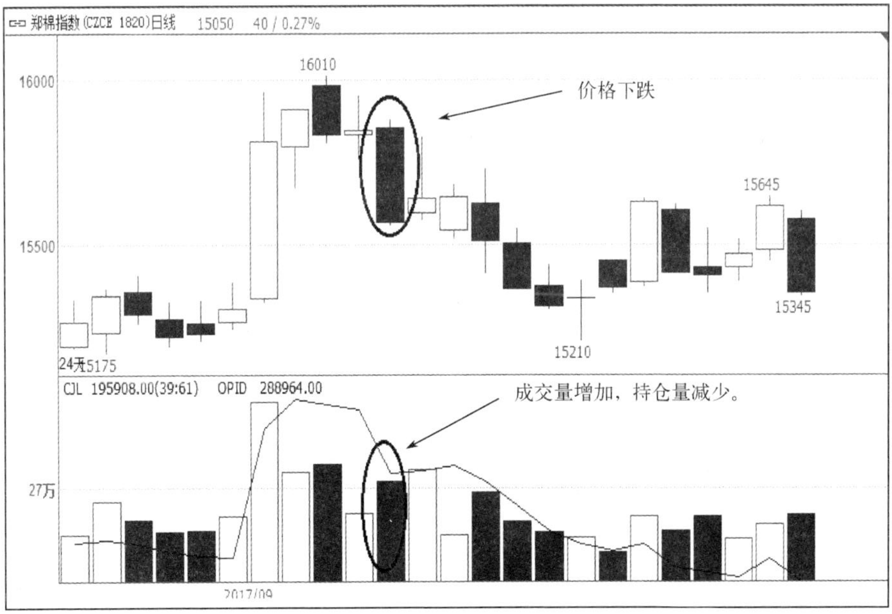
郑棉指数(CZCE 1820)日线 15050 40 / 0.27%
16000
15500
16010
价格下跌
15645
15345
15210
15175
CJL 195908.00(39:61) OPID 288964.00
成交量增加，持仓量减少。
27万
2017/09

图 5-31

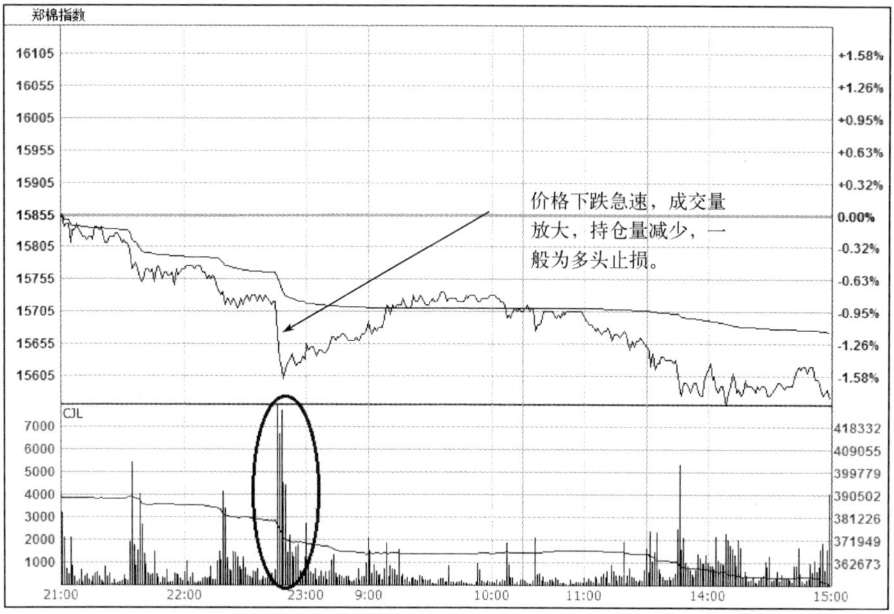

图 5-32

技术指标显示资金流出，但短线多头资金返场会造成日内行情大幅震荡，没有连续性，空间有限。

在实际操作当中，成交量和持仓量的应用还是比较复杂的，其主要功能是用来筛选过滤品种，提醒我们要重点关注某几个品种，有可能出现大行情。

5.3 辅助系统——分时图战法

分时图战法，可以单独使用做日内交易，也可以辅助其他大周期系统来使用，分时图战法辅助其他交易系统使用，属于精细化的一种操作。喜欢做大周期趋势的投资者，由于周期大止损大，导致仓位不能放大，就可以用分时图寻找精确进场点，缩小止损，比如用分时图战法来辅助类海龟交易系统，当类海龟交易系统发出开仓信号后，由于资金有限止损过大，可以利用分时图精确寻找单根 K 线进场点，同时从单根K线中找到支撑或者压力位作为止损，用当天分时图中的小止损来做日线级别的大行情。

5.3.1 开仓标准和止损标准

多单开仓标准：多头趋势下，根据当日成交量和持仓量的变化，依据分时图形态，选择有可能爆发行情的K线，突破分时图当天最高价开仓，以当天最低价止损。

如图5-33所示，2018年2月25日螺纹1805合约K线收盘价占上所有均线，后市可以寻找日内分时图做多机会，2018年2月26日，晚盘分时图价格小幅波动，价格分歧较小，同时前一根K线为大阳线，看多情绪高涨，早盘突破分时图最高价进场开仓做多，以最低价止损。

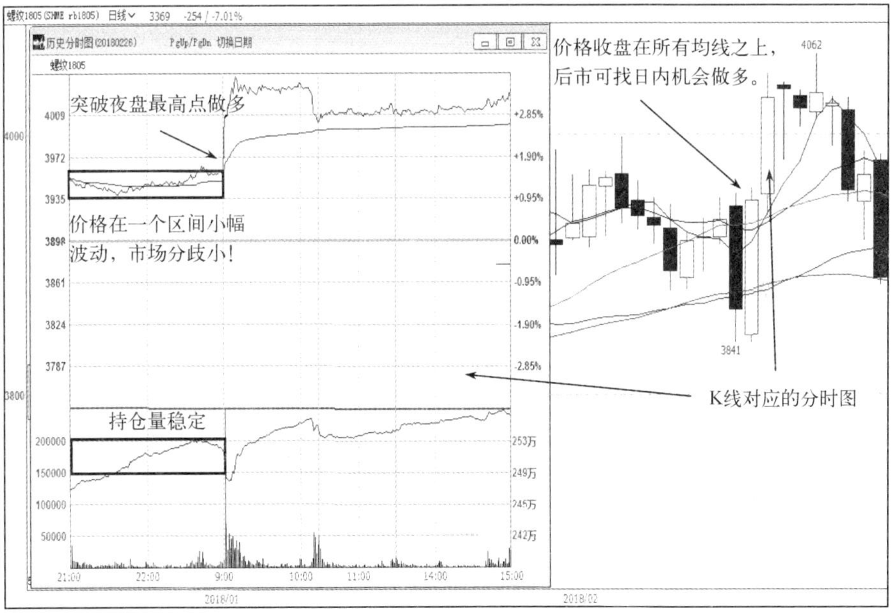

图5-33

空单开仓标准：空头趋势下，根据当日成交量和持仓量的变化，依据分时图形态，选择有可能爆发行情的K线，跌破分时图当天最低价开仓，以当天最高价止损。

如图 5-34 所示，2017 年 9 月 15 日橡胶 1805 合约 K 线收盘价跌破所有均线，后市可以寻找日内分时图做空机会，2017 年 9 月 15 日，晚盘分时图价格小幅波动，价格分歧较小，同时前一根 K 线为大阴线，看空情绪高涨，分时图跌破最低价进场开仓做空，以当天最高价止损。

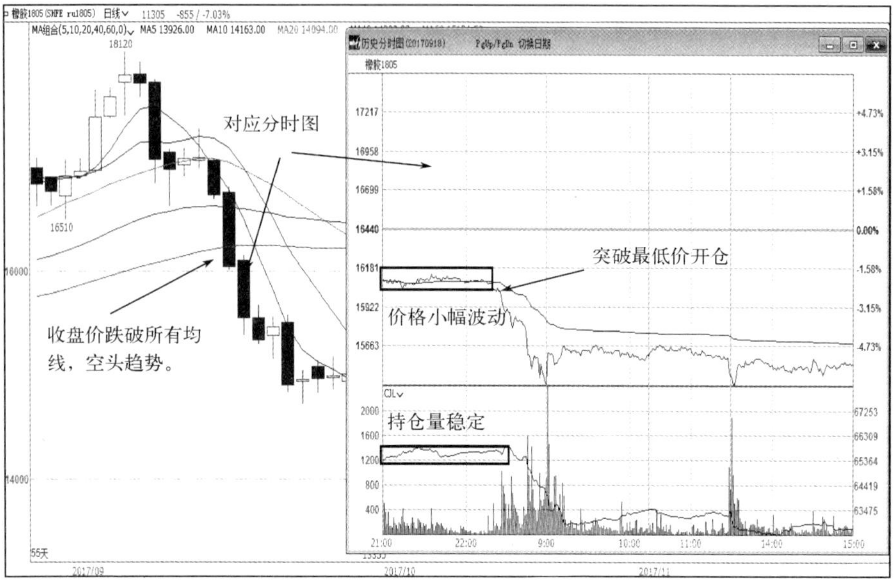

图 5-34

5.3.2 仓位标准

利用分时图做日内交易，一定注意品种的盘口大小，如果资金量过大，开仓手数过多会有滑点的风险，所以仓位标准要根据不同品种有不同要求，但是开仓总手数的总止损不能超过总资金的 0.5%。

5.3.3 止盈标准

多单止盈标准：跟随均线止盈或者是收盘前 5 分钟止盈。如图 5-35 所示，2017 年 11 月 30 日，突破分时图区间最高价做多，以最低价止损，当行情上涨一定幅度，下破均线止盈平仓。

空单止盈标准：跟随均线止盈或者是收盘前 5 分钟止盈。如图 5-36 所示，2017 年 11 月 16 日，橡胶 1805 合约分时图前一日 K 线为

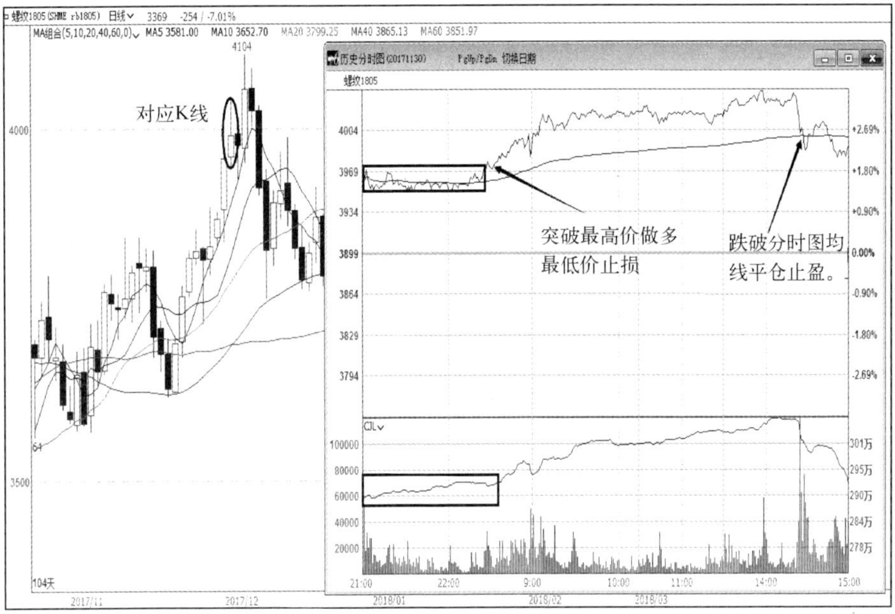
对应K线
突破最高价做多
最低价止损
跌破分时图均线平仓止盈。

图 5-35

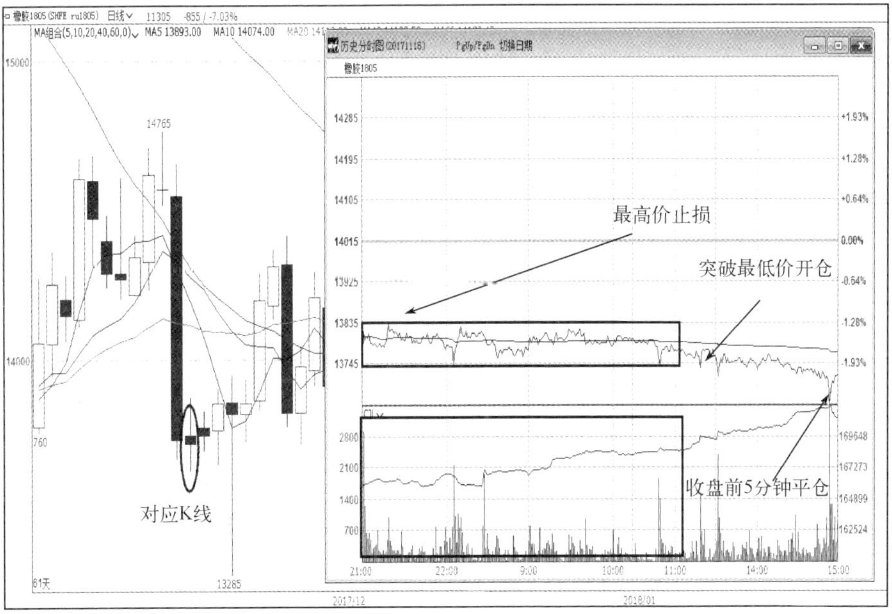
最高价止损
突破最低价开仓
收盘前5分钟平仓
对应K线

图 5-36

大阴线，分时图当日价格小幅区间波动，持仓量稳定增长，突破当日分时图最低价开仓做空，止损为分时图最高价，收盘前5分钟止盈平仓。

5.3.4 完整交易

完整步骤如下：

开仓标准：多头趋势，寻找大概率出现大阳线的交易机会，分时图突破最高点做多；空头趋势，寻找大概率出现大阴线机会，分时图跌破最低点做空。

止损标准：多单止损为分时图最低点；空单止损为分时图最高点。

仓位标准：不能影响盘口，开仓总止损不能超过总资金0.5%。

止盈标准：跟随均线止盈或者是收盘前5分钟止盈。

休息标准：成交量持仓量不活跃。

例1：

如图5-37所示，2018年1月23日，橡胶1805合约开盘在所有均线之下，趋势为空头趋势，分时图中只能做空不能做多，分时图经过一段时间的小幅波动，持仓量变化不明显，说明价格在选择方向，当价格跌破区间震荡下沿口14060时，空单开仓，止损为区间上沿口14120，1手止损约为600元，假定100万的账户总资金，我们按照开仓一次止损为总资金0.5%的情况下(单次止损5000元)，可以开仓8手，至收盘前5分钟13850止盈平仓，8手共计盈利约16800元。

一个完整的交易操作为：

开仓标准：2018年1月23日，日线趋势为空，分时图形态符合做空，突破分时图最低点开仓。

止损标准：分时图最高价。

仓位标准：开仓8手。

止盈标准：收盘前5分钟平仓。

例2：

如图5-38所示，2018年1月25日，沥青1806合约开盘在所有

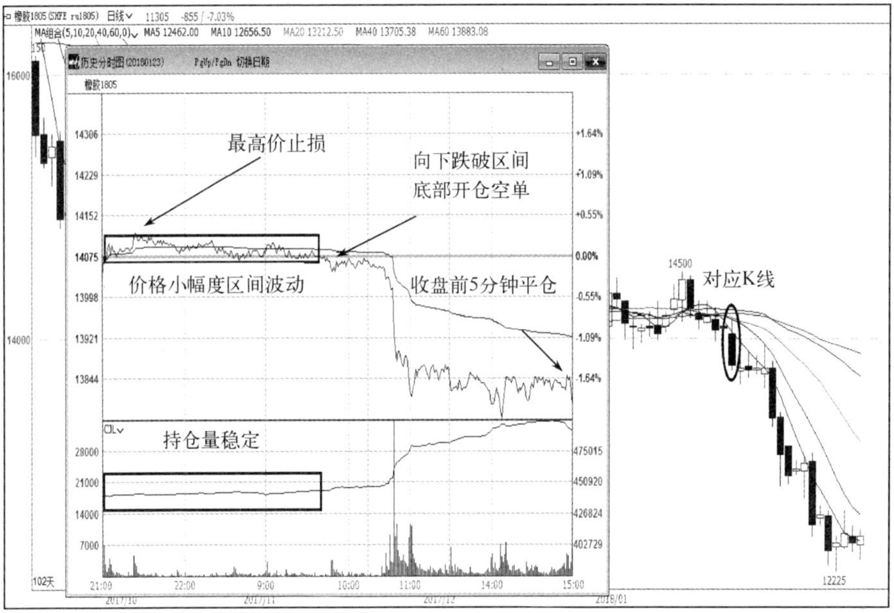
橡胶1805 (SHFE ru1805) 日线 11305 -855 / -7.03%
MA组合(5,10,20,40,60,0) MA5 12462.00 MA10 12656.50 MA20 13212.50 MA40 13705.38 MA60 13883.08
历史分时图(20180123)
橡胶1805
最高价止损
向下跌破区间
底部开仓空单
价格小幅度区间波动
收盘前5分钟平仓
对应K线
持仓量稳定
14500
12225

图 5-37

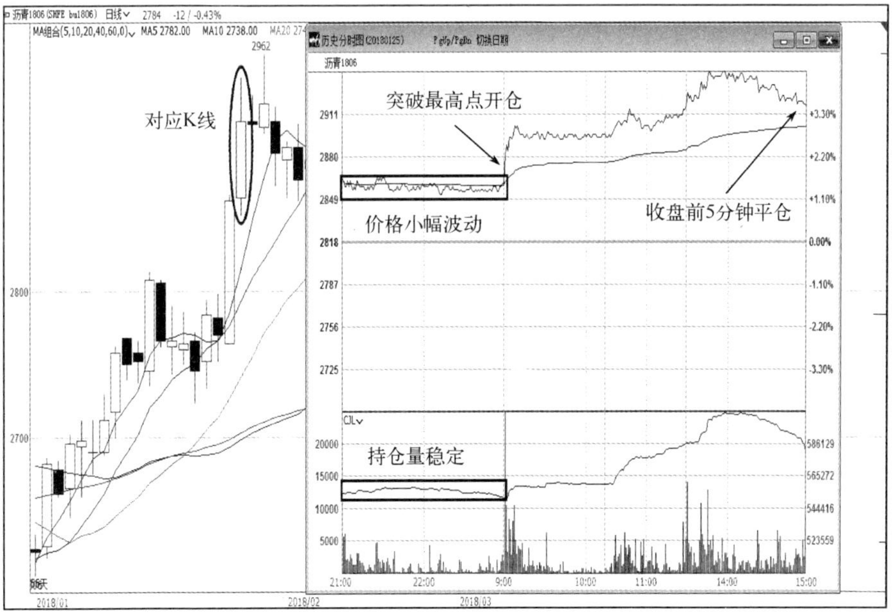
沥青1806 (SHFE bu1806) 日线 2784 -12 / -0.43%
MA组合(5,10,20,40,60,0) MA5 2782.00 MA10 2738.00
历史分时图(20180125)
沥青1806
2962
对应K线
突破最高点开仓
价格小幅波动
收盘前5分钟平仓
持仓量稳定

图 5-38

均线之上，趋势为多头趋势，分时图中只能做多不能做空，分时图经过一段时间的小幅波动，持仓量变化不明显，说明价格在选择方向，当价格跌破区间震荡上沿口 2866 时，多单开仓，止损为区间下沿口 2852，1 手止损约为 140 元，假定 100 万元的账户总资金，我们按照开仓一次止损为总资金 0.5%的情况下（单次止损 5000 元），可以开仓 35 手，至收盘前 5 分钟 2920 止盈平仓，35 手共计盈利约 18900 元。

一个完整的交易操作为：

开仓标准：2018 年 1 月 25 日，日线趋势为多，分时图形态符合做多，突破分时图最高点开仓。

止损标准：分时图最低价。

仓位标准：开仓 35 手。

止盈标准：收盘前 5 分钟平仓。

例 3：

如图 5-39 所示，2017 年 11 月 23 日，焦炭 1805 合约开盘在所有均线之上，趋势为多头趋势，分时图中只能做多不能做空，分时图经

图 5-39

过一段时间的小幅波动，持仓量变化不明显，当价格跌破区间震荡上沿口 2090.5 时，多单开仓，止损为区间下沿口 2070.5，1 手止损约为 2000 元，假定 100 万的账户总资金，我们按照开仓一次止损为总资金 0.5%的情况下(单次止损 5000 元)，可以开仓 2 手，价格跌破最低价后止损，共计亏损约 4000 元。

一个完整的交易操作为：

开仓标准：2017 年 11 月 23 日，日线趋势为多，分时图形态符合做多，突破分时图最高点开仓。

止损标准：分时图最低价。

仓位标准：开仓 2 手。

止盈标准：止损平仓。

例 4：

如图 5-40 所示，2018 年 2 月 12 日，沪铜 1805 合约开盘在所有均线之下，趋势为空头趋势，分时图中只能做空不能做多，分时图经过一段时间的小幅波动，持仓量变化不明显，当价格跌破区间震荡下

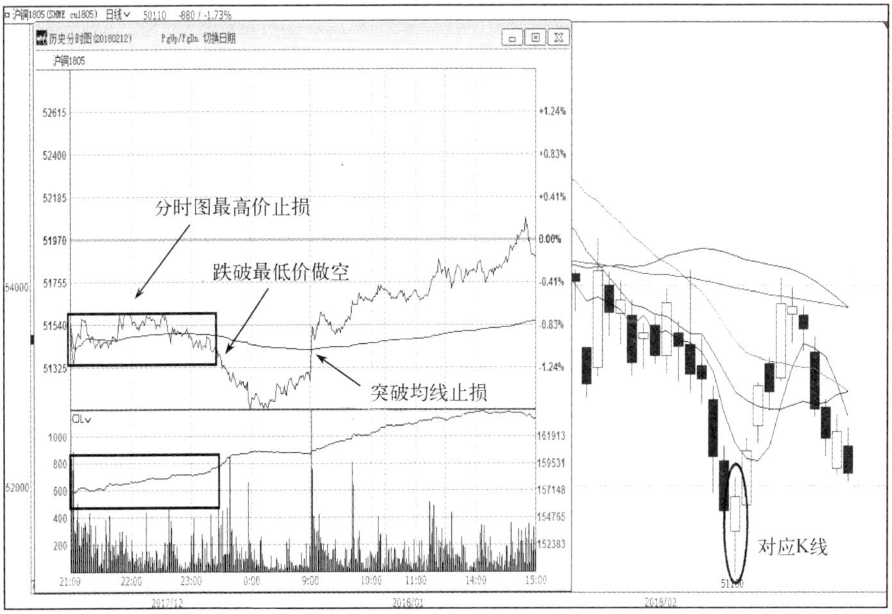

图 5-40

沿口51340时，空单开仓，止损为区间上沿口51600，1手止损约为1300元，假定100万的账户总资金，我们按照开仓一次止损为总资金0.5%的情况下（单次止损5000元），可以开仓4手，开仓之后，价格向下有一定幅度后，跟随均线移动止损，早盘突破分时图均线51410止损平仓，4手共亏损1400元。

一个完整的交易操作为：

开仓标准：2018年2月12日，日线趋势为空，分时图形态符合做空，突破分时图最低点开仓。

止损标准：分时图最高价。

仓位标准：开仓4手。

止盈标准：下跌一定幅度，跟随分时移动止损。

注意事项：

分时图技术需要大量练习，不断看盘寻找有可能爆发大K线的地方，往往大阴线大阳线之后更容易连续出现大K线，需要有一定的盘感，所以普通交易者谨慎使用！

结束语

所有技术分析都是为了给我们交易方向做个指引，不可能保证每一单能够一定盈利，而是通过建立一个小亏大盈的交易模式赚钱获利。

单一的技术分析工具没有组合工具更好用，组合工具可以提高我们开仓的成功率，再有我们每个人都要选择好适合自己的交易策略。

例如，你要选择使用加仓系统还是非加仓系统，我的建议是年轻人和有时间盯盘的投资老手可以选择加仓系统，年长者和没有时间盯盘的投资新手尽量开始选择不加仓系统。

选好加仓还是非加仓系统后，还要选择做全品种还是单一品种。同样的道理，现货商朋友我建议只做自己经营相关的单一品种比较好，非现货商可以选择全品种或几个流畅性比较好的品种，或者干脆选择单一品种做，例如股指或原油或螺纹钢，根据自己的资金量和交易喜好决定。

选择单一品种的朋友可以精细化交易做多策略多周期交易，选择全品种的朋友最好做单一日线级别周期的交易，这就是周期的选择。

总之我们每个人都要根据自己的年龄、资金量、盯盘时间、交易习惯、性格等选择好自己最舒适，能力边界内的交易策略系统最好，所谓适合自己的才是最好的。

杨　清

2018 年 6 月 8 日

《期货老师这一年》

作者 1991 年参加工作，1999 年创业成功，10 年时间积累了千万财富，事业一直很顺利。

2009 年因为做铜贸易生意进入期货市场，开始长达连续 4 年亏损的惨痛经历。

2012 年痛下决心，一定要在期货市场里活下去，跟随 13 位名师学习后，一朝开悟，终于获得稳定盈利的核心密码。

该书讲述作者做期货从亏损到盈利的学习转变过程，以及 2015 年 9 月到 2016 年 9 月，作为期货老师的一段真实经历，希望能够帮助更多的投资者从中得到启发，走上期货盈利之路。